新潮文庫

おいしい日常

平松洋子著

新潮社版

8184

目次

うちの「おいしい」

わたしの調味料

「おいしい」を探して

写真撮影

カラー頁　日置武晴

88―154頁　湯浅哲夫

（97、104、115頁　広瀬達郎）

おいしい日常

カット・アンド・カムアゲイン

「うちはね、ひと月におなじ料理が出てくるってこと、まずないですね」

ヨシカワさんが言うのである。鼻の穴がふくらんでいる。妻のアイロンかけが滅法へたくそでね、と愚痴をこぼしたあと、そのままでは悔しくなったとみえて、今度は妻の料理を褒め始めて名誉挽回《ばんかい》を図るのだった。

そうか。そんなふうに考えてみたこともなかった。昨夜つくったおかずは筑前煮《ちくぜんに》だったけれど、筑前煮という料理をいったい私は何度くらいこしらえたことになるのだろう。そういえば、この一週間で炊《た》き込みごはんを二度もつくったっけ。にんじんとごぼう、お揚げと米を濃いめのおだしで土鍋《どなべ》で炊いて、最後にどっさり三つ葉のざく切りを混ぜ込んだ。そうして、一日たったらまたすぐ食べたくなった。

ずずず。熱い茶を啜《すす》る。「あ、そういえば」と、突然思い出す。

去年の暑い時分、あのころ週に一度は香菜《シャンツァイ》のカレーをつくっていた。香菜の束を、呆《あき》れるほど山盛り。ざくざく切ってスパイスを効かせて煮込む。黙ってお客にふるまえば、たとえ香菜を目の敵にしてきたひとでも「うまい、うまい」とおかわりしてくるものだから、すっかり図に乗った。ここのところ、ちっともつくっていなかったな。あぁまた食べたいな。

いったん「あ、そういえば」の回路がつながってしまえば、もうとめどがない。ええと、しばらくつくっていないもの。お正月につくったきり、とんとご無沙汰《ぶさた》しているベトナム料理のゴイは十数種類の野菜や鶏肉《とりにく》、えびを全部せん切りにしてふんだんに盛り合わせる。あのとき、シャンパンにぴたりときたのは意外だった。そうだ、タイのグリーンカレーもご無沙汰じゃあないか。パルミジャーノをふんだんにおろし入れたアスパラガスのリゾット。タラのシチュー。牛ひき肉にレバーやパンチェッタを刻んで赤ワインだけで煮込んだ濃厚なボロネーゼ。スペイン・コルドバ出身のフラメンコダンサー、ベニさん直伝のパエジャ。小麦粉を焦《こ》がすところから始めるハヤシライス。お祭りの日の巻きずし。親子丼《どんぶり》。特売の日を待ちかねて松阪《まつざか》の牛肉を買いにいってつくった牛肉のしぐれ煮。失敗を繰り返して、ようやくうまくなったさばの味《み》噌煮《そに》。娘が中学生の頃、部活から帰ってくればすぐ食べられるようにせっせとつくったさつまいもとレーズンの甘煮。二十歳の頃の十八番《おはこ》、トマトで煮込む鶏肉と玉ねぎの重ね煮はもう二十何年もつくっていない……芋づるのようにあとからずるずる引き出され、いちいち胸の奥を騒がせる。

どれもこれも昔、飽きもせず幾度もつくった大好きな味なのだ。ごくりと唾《つば》を飲みこむ。ああ、今すぐ食べたい。けれども、どうしたわけか今はめったにつくることがない。そんな料理がたくさんある。その一方、季節がおのずと呼び戻してくれる料理がある。暑さ寒さが自然に手を動かしてくれるのだ。

春、待ちわびて味わう山菜のえぐみや苦さは、寒い間に蓄えた熱をからだの外へ押し出してくれるかのようだ。夏は酸《す》っぱいピクルスやガスパチョ。八月になれば緑のゴーヤだ。チャンプル、ゴーヤとトマトのスープ、干しえびや豚肉といっしょに和《あ》えたサラダ。肉詰めゴーヤにゴーヤカレー……ゴーヤなしでは暑さに負けそうで、沖縄産のゴーヤが手に入る銀座「わしたショップ」に通い詰める。秋ともなれば、なす三昧《ざんまい》。冬はごぼう、れんこん、かぼちゃ……根菜はオリーブオイルで炒《いた》める、スープ煮にする、厚切りにして蒸籠《せいろう》で蒸したりもする。

季節が呼び招いてくれる料理は、からだが欲しがっているもの、いないものをおのずから指し示している。

教わった料理。見て、聞いて、覚えた料理。旅先で知った料理。季節が導いてくれる料理。そして、母の味——いったい私は、台所に何回立って、この先どれほどの数の料理をつくるのだろう。それらの料理には、なにかしら自分らしい法則のようなものが存在しているのだろうか。それは、ほかでもない「私らしい料理」といえるのだろうか。もし「私の味」というものがあるならば、それはいったいどんな味なのだろう——。

しじゅう外国を旅する私は、アジアでもヨーロッパでもさまざまな食卓を訪れる。「ああ、もう一度食べたいな」。焦がれるように身を捩《よじ》って思い出すのは、手間ひまかけた贅沢《ぜいたく》な大ごちそうであることは、申し訳ないのだけれど、少ない。うっかり夕餉《ゆうげ》の最中にお邪魔したら、「さぁお座りなさい、いっしょにどうぞどうぞ」と大皿から取り分けてもらったようなふだんのおかず。そんなごはんの味は、歳月が過ぎ去っても味覚に根を下ろし、いつのまにか私のからだの一部になっている。

ふだんのごはんには「家庭の味」がくっきり表れる。なんの変哲もない卵焼きひとつにも、「つくったひとの味」「台所の味」がにじみ出ているのがよくわかる。わずか一日、たった一度きり食卓をともにしただけでも。

それはきっと、よけいなものがひとつもくっついていないからだ。「おいしい」と言わせたいとか、いつもよりおいしくつくろうとか、褒めてもらおうとか、よぶんなフリルがなにもついていない。

だからといって、何気なくつくるふだんのごはんは単純至極なものだといっているのではない。それどころか、食卓の上にはじつにさまざまな要素が複雑に絡《から》み合っている。その日のからだの調子。天候。家族の人数。気分。好み。財布の中身。時間の都合。前の日に食べたもの。朝ごはん……些末《さまつ》な生活のあれこれがひと皿の上でかたちに結ばれたもの、それが「家庭の味」なのだ。

いろんな国の食卓を知れば知るほど思うことがある。日本のふだんの食卓には、ハレの味のまあ多いこと。今日はイタリアンで明日は中華、あさってはエスニック。パスタだってペンネ、スパゲティーニ、フェトチーネ、どれにいたしましょう。パンはバゲット、食パン、クロワッサン、それともイギリスパン。フィリピンの言葉で、おいしいもんの〝寄せ混ぜ〟を「ハロハロ」という。じつのところ、わが日本ほど「ハロハロ」な食卓を囲んでいる国を知らない。私たちの伝統食、つまり「和食」とは異なる味が参入すればするほど、そこにはいやおうなくハレの気配が漂う。

「非日常」が「日常」になってしまった食卓。いや、それが日本の食卓の個性なのですといわれれば、その通りなのだけれど。

イタリア・トスカーナ郊外の家庭で、大きな丸い田舎パンを少しずつ切り分けて食べる一週間があった。中国・北京《ペキン》で、家族五人飯碗《めしわん》片手に野菜、肉、卵三種類のおかずとスープを囲む毎日があった。今日も明日もあさっても、同じ繰り返しに映る食卓である。しかし、本当はそのなかに素材の変化がもたらす自然のリズムが息づいている。つまり食卓は、巡りゆき、また訪れる季節の定点観測場所であり、その自然の流れにからだが呼応していけば健康もおのずとついていく。それは、ひとつの英知ともいうべきものではないか。

エンタテインメントは、もちろん大歓迎です。けれども、ふだんの食卓には目先の変わった「非日常」のざわめきはいらない。それより、「日常」のなかに「台所の味」がにじみ出ているような、そんな料理がつくりたい。たくさんつくりたい。今日と明日を穏やかにつなぎ渡すような、その豊かな蓄えをこそ「私らしい味」と呼んでみたいと、切実に思う。

園芸の仕事に「カット・アンド・カムアゲイン」という言葉がある。葉っぱや枝は切ってやらねばならないときがある。そうすれば、そのぶん植物は再び勢いを得て大きく育つ。いったん摘み取ることは、次の芽を育てることにつながる。

台所仕事にもまた、「カット・アンド・カムアゲイン」。もしかしたら、自分には必要のない料理があるかもしれないということ。すっかり忘れ去っているのに、本当は大切にしたい料理があるかもしれないということ。そして、そののち育つのは、たくましい背骨を伴った「私の食卓」だということ。

うちの「おいしい」

お豆腐屋賛江

梅雨の合間、久しぶりにからりと晴れ上がった朝は窓を開け放して胸の奥まで深呼吸する。朝六時を少し回った時分、新聞に目を通して白湯《さゆ》も二杯飲んで、そうしたら少し散歩をしてみたくなった。そうだ、ついでにお豆腐を買いにいこう。水のなかにゆらゆら静かに沈んで、できたてのお豆腐が待っている。

台所のボウルをひとつ、手にぶら提げて家を出ると、気になることがあった。ここしばらく見守ってきたあのどくだみたちは、もう十分に育っているだろうか。

梅雨どき、私はどくだみのことが気になってしょうがない。折々の散歩の途中、近所のどくだみの聖域はあらかた調べ上げてある。公園の脇道《わきみち》。駐車場の隅っこ。古い病院の側道。それから、家々の軒が重なるこの露地の奥。

首を伸ばして露地をのぞきこむと、道の幅いっぱい濃い緑のどくだみが群生している。家と家との狭い幅をすっかり埋め尽くすように、軒下に長い緑の小径《こみち》が敷かれているのだ。私はからのボウル片手に露地のなかへ一歩を踏み出す。

ここは日陰の具合も絶好の塩梅《あんばい》で、そのうえ誰も通らないことを幸いに、どくだみは梅雨を味方につけて天下のわが物顔で生命のエネルギーを漲《みなぎ》らせている。もっと伸びろ、もっと育て。エールを送って励ます。そうして白い十字の花が咲いたら、どくだみを摘み、どっさり部屋に活《い》けるのだ。遠慮なくどんどん摘むから、どんどん育ってちょうだい。誰にも遠慮なく摘むには、だから、このひっそりと静まりかえった露地は、私にとってこっそり大事な聖域なのだった。

通るひとの姿も見えない朝方、そんな場所に足を踏み入れる楽しみを手に入れることになったのも、そもそもお豆腐のおかげである。いや、お豆腐屋さんのおかげなのである。ほのかにあったかな、できたてほやほやのお豆腐。その贅沢な味わいは一丁五百円のブランド豆腐だってかなわない。朝、ボウルを持ってときどきお豆腐を買いに行き始めたのは、去年の冬、あの夜明け前の風景を目にしてからのことだ。

ギリシャへ旅立つ寒い朝、時計の針はまだ五時前。あたりはまっ暗だ。そこをゴロゴロ、トランクを転がしながら私はタクシーを捕まえに通りに出た。しばらく歩くと、まだ朝日が昇る前の閑と広がる暗闇《くらやみ》のなか、白い湯気を勢いよくもうもうと上げている一軒がある。ええと、あそこは……ああそうだった。おいしいんだよね、ここのお豆腐。屋根からも煙突からも、閉めた窓枠の隙間《すきま》からも、あったかな蒸気を立ち上らせているのは、昔ながらの小さなお豆腐屋さんである。店のなかで初老の夫婦とその息子の一家三人が一心に豆腐をこしらえているのだ。冬の朝の澄み切った空気のなか、大豆の甘く柔らかな香りがふわりと鼻先を漂う。

そうだったのだ、お豆腐というものはこんな暗いうちから——。タクシーに乗ったら、なんだか申し訳ないような気持ちがあとに残った。つくりたてのお豆腐、たった今食べてみたかったな。

そのひと冬が終わり、再び早起きの季節がやってきた春の朝、私は唐突にあの旅立ちの日の夜明けのことを思い出したのだった。そうだ、今お豆腐ができたばかりの頃合いだ、買いにいこう。

「おはようございます、木綿一丁お願いします。それとお揚げ二枚」

「すみません、お豆腐ができたばかりですからね、まだ揚げてないんですよ、お揚げ」

こちらこそすみません。そうですよね、当然ですよね、自分のわかっていなさ加減がハズカシイ。みな眠っている間にひと仕事をようやく終えて、朝ごはんの食卓なんかみんなで囲んでひと休憩したあと、さて揚げやがんもどきを、と進む段取りなのですよね。朝お豆腐屋さんに走るなんて子どものとき以来のことだから、注文の仕方まで要領が悪い。

こうして買いに走ったお豆腐はやっぱりそのまま切り分けて、まずは奴《やっこ》でいただきたい。醬油《しょうゆ》もかつおぶしもねぎも、この際邪魔である。私はお豆腐にほんのわずかの塩をつけて味わうのが好きである。すこうし、ほんのすこうしだけ豆腐に塩をパラリ。すると、つい数時間前に大豆を搾《しぼ》ってニガリを打ち、固めたばかりの豆の味わいがぐーっと浮き彫りになる。粒だった塩の存在が、お豆腐本来の甘みやコクを逆に前へ連れ出すのだ。醬油をかけ回してしまっちゃあ、醬油の味が全体を覆《おお》ってしまい、せっかくのできたてがもったいない。

さて、朝ごはんに奴や味噌汁《みそしる》や蒸し豆腐をつくったら、わざわざ少しだけ余らせておくことがある。そういうときは、晩のお膳《ぜん》に白和《しらあ》えの姿がある。湯がいたほうれんそうや青菜、そこにしめじやお揚げを加えてつくった白和えは、いつ何度食べても、こころなごやかな味わいである。

奴も味噌汁も白和えも、揚げ出しなら両面こんがり焼いただけでも、お豆腐ならちっとも飽きない。それどころか、その日その日のおかずにぴたりと寄り添う。お豆腐はでしゃばらず、いつもあわてず動じず穏やかで、それでいて滋味深い。ああそんなふうにありたいものだ。

ところで、じつは今朝、豆腐のほかにもうひとつぶら提げてきたものがある。豆乳だ。搾りたてのとびきり新鮮な豆乳をたっぷり六パック。ほんの少しの生姜《しょうが》の搾り汁とゼラチンを混ぜて冷たく固めて、台湾のふるふるのデザート「豆花《トウホア》」を自分ちで味わうという、新たな楽しみを発見してしまいました。

右手に豆腐。左手に豆乳。ずしっと確かな持ち重りに頬も緩む。うちを出てお豆腐屋さんまでほんの二分。どくだみの露地で道草して、十分。さあ今日も一日が始まる。

お豆腐屋さん、ありがとう。

蒸し豆腐

▼材料（3～4人分）　木綿豆腐1丁　梅干し1個　長ねぎ（みじん切り）⅓本分　豚肉50g　醤油大さじ½　ごま油大さじ⅔　酒小さじ1　塩適宜　片栗粉《かたくりこ》小さじ1

▼つくりかた　梅干しは種を除いて梅肉を細かく叩《たた》き、豚肉は細切りにする。豆腐は手で粗くつぶし、すべての材料を混ぜる。器に入れ、そのまま蒸籠《せいろう》で15分ほど蒸す。

水は買うものではなく

朝起きるなり、まっすぐ向かうのは台所である。コンロの上にあるのは毎度見慣れた風景だ。そこには年中ずしっと重い鉄瓶が鎮座している——変哲もない景色なのに、いつもほうっと安堵《あんど》するのはなぜだろう。そしてつるを握り、確かな重みを手に受け取りながら鉄瓶の中身を勢いよくコップに注ぎこむ。ごくごく、ごくごくごく。喉《のど》を鳴らして飲むなり、からだじゅう隅々まで細胞が覚醒《かくせい》する。その瞬間を待ち構えて、私はさわやかな精気を漲らせる。

これが一年三百六十五日、毎朝変わらぬ習慣だ。夜になればなったで、もうひとつ台所の決めごとがある。いや、すでにからだに染《し》みこんだ長年の習わしなのだ。なにしろ寝室に入る前、自然に足が台所へ向かうのだから。

いたって簡単なことだ。まず鉄瓶にたっぷり水を満たし、火にかける。しゅんしゅん勢いよく沸騰《ふっとう》したら火を弱めてさらに数分待つ。しばらく勢いのよい湯気を立たせたのち、パチンと火を止めてそのまま。ひと晩くみ置きの湯ざましをつくるのである。——朝一番に飲むのは、こんなふうにしてつくった甘く柔らかな鉄瓶の水。ミネラルを効果的に吸収するのはからだが乾いているときだというが、なるほどこの水を口に含めば、乾燥した海綿が水をじゅんじゅんと吸い上げるかのように五臓六腑《ごぞうろっぷ》が歓喜の声を上げる。

じつのところ鉄瓶を使い始める以前は、ミネラルウォーターのボトルを買うのが習慣であった。そしてどんどん拍車がかかり、飲み水はミネラルウォーター、料理をするのもごはんを炊くのもミネラルウォーター……そうなると、結局ケースでどっさり取り寄せ続けなければ事足りなくなった。そうして当然、「わが家のミネラルウォーター係数」は上昇の一途をたどっていったのだった。

けれども、だんだんに居心地の悪さがにじんでいった。人間は水がなくては生命を維持できない。なのに、一本数百円の商品に自分の生命の首根っこを預け切っている。ナンカヘンダゾ。

「おいしい水を飲む」ことと「生きながらえるための水を飲む」ことは、きちんと区別しておかなければならないのではないか。なぜなら、と私は考える。そもそも太陽の光と空気と水、つまり自然の恩恵は、本当は売り買いなどしてはならないのではないか。人間は、太陽や水で金儲《かねもう》けをしている。もはや大きなタブーを犯しているのかもしれない——。

とはいいながら、哀《かな》しいかな私たちの環境を取り巻く水は、難を抱えるしろものだ。塩素、トリハロメタン、殺虫剤、除草剤、環境ホルモン物質……さまざまな物質が含まれている場合だってあるとすれば、味覚はおろかからだが歓迎するはずがない。水は、数週間かかってからだを一巡するという。私たちのからだの多くは、飲んだ水そのものでつくられているのだ。

だから、せめて「からだが喜ぶ水」を選びたい。自分自身で「おいしい水」を選び取るほかない。結局のところ、それが今の人間の生きる環境のありようであり、私たちが置かれた偽りのない現在なのである。

水には、おおまかに分けて硬水と軟水がある。一般に硬度が三〇一以上のものは硬水、一〇一～三〇〇は中硬水、一〇〇以下を軟水とみなされている。硬度の高い水ほどカルシウムやマグネシウム、ナトリウムなどミネラル値が高くなる。ただし、硬水を料理に使うとアミノ酸などがカルシウムと結びついてあくと化し、うまみを削《そ》ぐ。つまり、素材やだしの味わいを引き立てるなら、硬水は向かない。一方、日本の水は軟水である。いわば、ミネラル補給よりは料理の味わいを引き立てる役目を果たす。

昆布やかつおぶしでだしを引き、素材の繊細なうまみを愛《め》でる日本料理が生まれたのは、だから当然のなりゆきだったといえるだろう。素材の味わいを生かし、料理の味わいを高めるには、軟水を。硬度のある水を。日本の気候風土に暮らす私たちにとって、これが上手な水とのつきあい方といえる。

ただ、暮らしぶりも嗜好《しこう》もそれぞれに違うでしょう？　私はこんなふうに折り合いをつけた。基本は、鉄瓶で沸かした湯ざまし。しかし、それだけでは飲み水やお茶、料理のためにはとても量が追いつかない。そこで活性炭やセラミックフィルターで水道水を濾過《ろか》するポット式の浄水器を求め、冷蔵庫にたっぷり保存して併用する。ごはんを炊くときにも、この濾過水なら惜しげもなく使える。研いだ米を水に浸しておくときも、ポットの濾過水をじゃばじゃばボウルに注いで使う。また、ことのほかミネラルを補給したいな、と思ったときには硬度の高いミネラルウォーターを買い、噛《か》んでふくめるようにじっくり味わう。しゅわーっと軽快な飲み心地を楽しみたくなったときは、ガス入りだっていそいそ買いに行きます。

おいしい水をごくごく飲みながら、ごはんも料理もおいしくて、同時にからだも喜んでくれる。ムリせず気張らず、どうにかそんなバランスを取っていたい。

「おじいさんは山へ芝刈りに、おばあさんは川へ水汲《く》みにいきました」。そんな時代から幾星霜《いくせいそう》。さて、あなたはどんな水を汲んでいますか。

幸せのごはん

飯沼さん、という名字がある。もちろん「イイヌマさん」と読むのだけれど、学校の帰り道に「飯沼さん」の表札を見かけると、条件反射で思わずぐうとおなかが鳴った。覚えたての「飯」の字は、すきっ腹にこたえたなあ。もう四十年近く昔、小学生の頃のことだ。

飯《めし》と呼べば、腹の底から力を沸き立たせる頼り甲斐《がい》である。ごはんと呼べば、その響きには白い湯気の優しさ、柔らかさが宿る。しかし、洋食屋なんかで「ライスつけます？」などと言われると、とたんにへなへなチカラが抜ける。

ライスなんかでは断じてない。食べたいのは飯である。ごはんである。

うまい飯が食べたい。おいしいごはんを頰ばりたい。私たちが真横にぴしりと揃《そろ》えて置く箸《はし》は、さながら結界である。いただきます、と手を合わせて自然の恵みに向かい合い、今日の糧《かて》に感謝を捧《ささ》げる。そして、むっちり味わいに満ちた炊きたてを嚙みしめると、カラダの奥底から元気が起こる。これぞ最高のごちそうだ！　そう思えるのは私がお米の国に生まれたからなのだと、しみじみ幸せが沸き上がる。

さて、実りの秋ともなれば、このごちそうの味わいは最高潮を迎える。ごはんの味わいの変化に敏感に反応するのも、二千数百年に渡って米を食べ続けてきた日本人のDNAのなせるわざなのだろう。その執着も並大抵のことではない。たとえば、この私だって。

ときおり「どんなお釜《かま》でごはんを炊いているのですか」と、問われることがある。そこで私はにやりと笑って、こう答える。

「話は長くなりますよ。なにしろ台所には五つのお釜が控えておりまして、まずひとつめは……」

そう話し始めたら、さっさと出鼻をくじいてこう切り返してきたツワモノがいた。

「はあはあなるほど。細かい説明はのちほどじっくりと。まずは、そのうち一番のお薦めを先に教えてください。ソレ買いますから」

敵もさるもの。しかし、そう簡単には問屋が卸さないのだよ。というのも……。

じつのところ、お釜ひとつでごはんの味は驚くほど違う。そのことを教えてくれたのも、わが家のお釜たち自身なのだった。知らず知らず集まった私の台所の面々は、こんな具合である。アルミの羽釜《はがま》。信楽《しがらき》の黒い陶釜。昔なつかしい文化鍋《なべ》。北欧デザインのような陶器の鍋。そして韓国の石鍋。

炊き上がりのおいしさはもちろんのこと、手に取りたいタイミングも微妙に違う。忙しい朝なら、短時間で確実にしっかりとした味に炊き上がる羽釜に手が伸びる。なにしろ今すぐごはんが食べたい、そんなときなら、少し柔らかめだけれどわずか十五分ほどで炊き上がる文化鍋の簡便さに、大いに助けられる。のんびり過ごす週末の夕刻には丁寧に米を研ぎ、信楽の重厚なお釜でふっくら炊き上げてお釜ごといそいそ食卓に運びたい。

……とまあそんな具合に、お釜ひとつにも暮らしの時間の微妙な間《あわい》が潜んでいる。どんなときにも「スイッチポンで万事完了」の炊飯器だけを頼りの綱にしてしまっていては、こんなことなど知るはずもなかった。

いや、私だって炊飯器にはさんざん世話になりました。仕事と家事と子育てにまみれて青息吐息、スイッチさえ押しておけばごはんがひとりで勝手に炊けている。もうありがたくて涙が出た。どんなにバタバタ暮らしていても、蓋《ふた》を開ければ、なにはなくともあったかごはん。それは、まるで打ち出の小槌《こづち》のように心強かった。

けれども。それなりに台所仕事を繰り回し始めて余裕のかけらが生まれてくれれば、スイッチポンの味わいがどこか物足りなく思われ始めた。「ごはん、できたよ!」。威勢よく言ってはみるものの、肝心のごはんを炊いたのはこの私ではなくて、台所の隅に鎮座しているおりこうなキカイなので、「冷めちゃうよ、早く早く!」と家族をせかす言葉には、妙に説得力が乏しく思われた。

そうして私の台所にはひとつ、ふたつお釜が増えてゆき、と同時にいろいろなごはんの味わいを知ることになったのだった。

ざっ、ざっ、米を研ぐ。洗うのでは決してない。米ひとつぶひとつぶ磨くように研ぐ。しばし水に浸したらザルに上げ、釜に入れて分量の水を注ぎ、火にかける。沸騰するまでは強火、噴いたら中火。水が引いたらとろ火。そこからあとは、鼻と耳を澄ます。釜の底でかすかにパチッと乾いた音が聞こえてきたら、そして匂《にお》いのなかに香ばしさが香ったら、おいしいおこげもできている。ただし! ここで十分間の我慢ですよ。蓋を開けずにそのまま蒸らせば、ごはんのおいしさがふっくら花開く。

ほらね、炊き方はちっともむずかしいことなんかありません。しかし、たったひとつこころを砕かなくてはならないことがあるとしたら――私はかんがえる。それは、炊き上がりの頃合いではないか。「いただきます!」のタイミング。そこに蒸らし上がる時間の照準をぴたりと合わせる。

ごはんのおいしさの最高潮は、お釜の蓋を開けたその瞬間にあり。熱い湯気のなかにくぐもった甘やかな馥郁《ふくいく》とした香りが、鼻先でふわあっと立つ。その瞬間もいっしょに「食べさせてあげたい！」。

そんな気持ちをこめて炊かれたごはんを味わえば、まごうかたなき世界一の幸せ者。お母さんから手渡されたひと碗《わん》も、たとえそれが自分自身で炊いてよそったごはんでも。

また、外にごはんを食べに行くときだって、そんな幸せに出逢《であ》える店にこそ足を運びたい。どんなたいそうな料理でも、何時間も保温しっ放しのふがふがごはんをあてがわれては興醒《きょうざ》めというもの。艶《つや》もハリも失ったごはんが哀れを誘う。

茶懐石で供される最初の一膳《ぜん》は、まず煮えばなの汁、向付、そして一文字《いちもんじ》のごはんである。それは必ず、蒸らす前のものでなくてはならない。蒸らす時間の幅を与えず、沸騰した湯が退《ひ》くその頃合いを見計らって間髪を入れず火から下ろす。

「まさにたった今、お客さまのためだけに炊き上げたものでございます」

それは一期《いちご》一会《いちえ》のもてなしに心を砕く証左。ここにもまた、日本人が「ごはんを炊く」という行為にこめた深い思いを垣間《かいま》見《み》る。

まっ白なごはんには炊いたひとの佇《たたず》まいが出る。そのままぽん、と本当のところを伝えてしまうところが怖くもある。

さて、五つの釜の使い心地をひと通りふむふむと聞き終えたあと、彼はスルドくこう切り込んできた。

「となっては、お櫃《ひつ》も当然お持ちでしょう」

いいえ。ひとつも持っておりません。お櫃はそもそも、薪《まき》の火でごはんを炊いたその昔、土間の大きな羽釜から居間へごはんを移して運ぶ道具として使われたものだ。一家のお母さんは、お櫃ひとつそばにあれば「おかわり！」の声にも「ハイどうぞ」。悠然と構えてごはんをよそうことができたのだった。しかし、料理屋や旅館ではいざしらず、目と鼻の先に炊きたてがあるなら、家庭のごはんに余分なひと呼吸が介入する必要は、私には見つからない。どんなに香りがよい杉やサワラや檜《ひのき》でも、炊きたてのごはんの邪魔になる。

しゃもじでさくっとほぐして、ふんわりよそう。ああ、こんなふくよかな白が、ほかにあったものだろうか。生まれたときからもう何千回、何万回と口にしているいつものごはんなのに、毎度毎度こころ動かされるのはどうしたことか。

日本晴れの秋空の下、黄金色の稲穂の波が日本中にさざめいて、そしてこの掌《てのひら》のなかにひと碗の熱いごはんがある。今年一番とれたての新米、ありがたいほかほかの炊きたてである。

豚肉と大豆もやしの炊き込みごはん

▼材料　豚もも肉150g（醤油大さじ1　砂糖小さじ1½　酒大さじ⅔　ごま油大さじ⅔）　大豆もやし1袋　米2合　塩小さじ1½　水（米と同量）

▼つくりかた　①米は洗ってザルにあげておく。②豚もも肉はせん切りにしてから全体を包丁で叩き、こま切れにする。塩以外のすべての調味料を加え、よくもみこんでから鍋に入れ、そのまま炒める。③大豆もやしはよく洗う。④鍋に米、②を煮汁ごと、③を入れ、米と同量の水、塩を加えて炊く。

ズッキーニのピラフ

▼材料　ズッキーニ2本　米2カップ　塩適宜　オリーブオイル大さじ1　鶏スープ2カップ　パルミジャーノ・レッジャーノ（すりおろし）大さじ2　粗挽《あらび》き黒胡椒《こしょう》　ミントの葉30枚

▼つくりかた　①米を洗い、ザルにあげておく。②ズッキーニは1㎝の厚さに切り、さらにサイコロ型に切る。③鍋にオリーブオイルを熱し、ズッキーニを軽く炒めてから米を加え、透き通るまで炒める。④鶏スープと塩を加え、13～14分炊く。⑤パルミジャーノとたっぷりの粗挽き黒胡椒を加えて全体を混ぜ、そのまま置く。⑥ふたを開け、ミントの葉をちぎって混ぜる。

＊⑤のとき、「ル・クルーゼ」のような厚手の鍋なら、火を止めてそのまま10分以上置く。アルミ鍋なら、沸騰したあと弱火で7～8分加熱して火を止め、そのまま蒸らす。

栗《くり》きんとんで一服

「お茶淹《い》れようか」

「ああいいねえ」

読みかけの本をぱたんと閉じて、よっこらしょ、と立ち上がる。もう何百回となくおなじことを繰り返しているというのに、この瞬間がたまらなく好きだ。連なっていた時間に、いったんしゃきっと自分で句読点を打つ。すると、なんでもない日常に心地よい波が立つ。風が通る。全身大きく伸びをして新しい酸素が胸いっぱいに流れこんでくるような、そんなとびきり清々《すがすが》しい気分を味わうのである。

その次の私のセリフも、毎度お馴染《なじ》みだ。

「ええと、どのお茶にする？」

煎茶《せんちゃ》、玉露、玄米茶？　会津で買ったそば茶もあるし、それとも台湾で買ってきたばかりの文山包種茶《ウエンサンパオチヨン》にしてみる？　だって、まずお茶を決めなければ、湯の温度が定まらない。そば茶や玄米茶なら熱湯のまま。煎茶ならしばし温度を下げたいし、玉露なら湯ざましにいったん注いで温度を落ち着かせなければ。

おいしいお茶を淹れるには、つくづく年季が必要だ。茶葉の量。湯の分量と温度。急須《きゅうす》に湯を満たしてから注ぐまでの時間とタイミング。茶碗の大きさ。それぞれが微妙に狂えば、おなじ煎茶でも味わいはそのぶん違う。いや、その塩梅《あんばい》を司《つかさど》るのは、じつは「技術」なんかではない、結局のところ茶葉や湯を前にしたときの気持ちの持っていきようなのじゃあないか。年がら年中あれやこれや茶を淹れながら、この頃私はそう思う。

いっとう気が楽なのは、焙《ほう》じ茶やそば茶である。急須に茶葉を入れたら、鉄瓶の火を止めてひと呼吸ぶんだけ湯を落ち着かせ、急須にざーっと注ぐ。ふわあっと香りが立ち上がったらにんまり、蓋を閉じてしばし。あとは湯呑《ゆの》みに注ぎ分ければ、もうそれで。気楽なもんです。

そんなふうに安直にいきたいのに、たまに目の前が暗転するときがある。

「ええと、どのお茶にする？」

「うーん、玉露にしようか？」

うわ。このたびばかりは勘弁してくださいな。玉露を淹れる気分にすんなり移行できずに、私は台所で叫んでみる。

「うーん、焙じ茶にしない？」

その一方、じっくり構えて玉露でも、という気分になっていたとしたら自分を見逃さない。だって、とろりとおいしい玉露にありつけるのは、時間の移ろいにゆったり寄り添える気になっているかどうか、そこにこそかかっているから。

玉露は、いつも私はこう淹れる。冷蔵庫の濾過水《ろかすい》を鉄瓶に注ぐ。火にかけて十分に沸騰したら、まず茶碗にいったん注ぎ分け、今度はそれを急須へ集める。急須があたたまったら片口（いつも湯ざまし用に使っているものだ）に注いで、さらに湯の温度を下げてやる。その間に急須に茶葉を振り入れておき、さっきの片口の湯を静かに注ぐわけです。この頃には荒ぶっていた熱湯もゆるやかに凪《な》ぎ、温度はなだらかに下がっているはずだ。急須のふたを閉じれば、まろやかな湯が優しく解きほどくように玉露の茶葉を開かせ始める。見守るような気持ちでじっくり待ってあげよう。一分半かもう少し。頃合いになったら、さて悠揚と急須を持ち上げる。ときおり厳《おごそ》かに回して玉露の濃度を均一にならしてやりながら、茶碗に少しずつ交互に注ぎ足していく。最後の一滴まで、丁寧に大切に。ラストドロップの輝きを見つめる私の眼差《まなざ》しはあたかも慈母のそれのようである、かも、しれない。

「うーん、おいしいねえ」

「じつにじつに」

はたまた、

「あれ、こないだのほうがおいしかったかも」

味の違いも日々の楽しみのうち、などと強がって言い訳するのはよそう。やっぱり、いつどんなときでも、おなじ味わいのおいしいお茶が淹れられるようになりたい。ちなみに、すでに茶葉だけは力強いお方を味方に引き入れております。

たとえば焙じ茶と玉露は、ここ何年も京都「柳桜園《りゅうおうえん》茶舗」謹製の茶葉、一本やり。なかでも「かりがね焙じ茶　香悦」の高貴な香り高さは至宝ともいうべき。淹れたての熱々をごはんに注いでお茶漬けに仕立てても、とびきりです。明治初期創業、あまたの茶人にも愛される老舗《しにせ》でありながら、温度を気にせず手軽に淹れられる「熱湯玉露」なる試行錯誤の賜物だって揃《そろ》えてある。京都に行けば、寺町通りの角を折れた路地のこの店の暖簾《のれん》をくぐって焙じ茶やら玉露やら京番茶やら、あれこれ抱えて帰らねば落ち着かない。

さて、季節が秋へ移ろえば、お茶の淹れかたにも気合が入る。だって、毎年九月の訪れを指折り数えて待つのだもの。秋、それは今年も再び木曽路《きそじ》「すや」の栗きんとんが巡り来る季節だ。

ひとつひとつ、布巾《ふきん》できゅっと絞ってつくる旧中山道《なかせんどう》・中津川宿「すや」の栗きんとん。残暑の頃ともなれば、そろそろだな。金木犀《きんもくせい》が路地裏でふと香れば、いよいよだな。栗のイガイガが目に浮かぶ。日本の秋、里山の味である。

よけいなもののかけらなど微塵《みじん》もない、栗の純朴な味わい。しかしその風味には、枯葉が寒風に舞い始める頃のひとひらの寂しさわびしさが宿っている。しっとり小さなひとつぶを指先にとって少しずつ大事に味わえば、栗がはらりと口のなかでほどける。そして木曾路の紅葉が、広重《ひろしげ》の描く中山道六十九次の風景が、瞼《まぶた》の裏に静かに広がる。

そんなとびきりのお茶請けだから、お茶の淹れようにも心してかかりたい。春夏秋冬、そんなふうに思わせてくれる菓子に出逢えたのはなんと幸せなことか。

たとえば春、心待ちにするのは赤坂「塩野」の花衣。夏は京都「甘泉堂《かんせんどう》」の水羊羹《みずようかん》、秋は「すや」の栗きんとんで、冬は地元西荻窪駅前「清正《きよまさ》」のふかしたて酒蒸し饅頭《まんじゅう》。京都に出かけた折り、もしも「出町《でまち》ふたば」のぷにぷにやわやわの豆餅《まめもち》の包みなんか携えて新幹線に乗りこむ幸運に浴した日には、これ一大事、いちもくさんにわが家を目指し、夜中になろうが襷《たすき》を締め直して一杯のお茶に渾身《こんしん》の精力を傾ける。

きちんと手間暇かけてこしらえた端正なお茶請けは、お茶の味わいにも磨きをかけてくれる。菓子がお茶を叱咤《しった》激励するのである。

おいしい菓子。いい茶葉。なんの不足があるだろう。こうなったら逃げも隠れもできません。残るはいよいよ、お茶を淹れる腕前のみでございます。

▼柳桜園茶舗
京都市中京区二条通御幸町西入ル丁字屋町690
電話 075・231・3693
▼塩野
港区赤坂2-13-2
電話 03・3582・1881
▼甘泉堂
京都市東山区祇園町北側344-6
電話 075・561・2133
(水羊羹は4月から9月末まで)

▼すや
岐阜県中津川市新町2-40
電話 0120・020・780
▼清正
杉並区西荻南3-9-9
電話 03・3333・6808
▼出町ふたば
京都市上京区出町通今出川上ル青龍町236
電話 075・231・1658

怪傑健康頭巾《ずきん》

さわさわ。庭に生い茂っているオリーブやイヨカンの枝が揺れている。そよそよ。名前の通り、ソヨゴも心地よさそうにそよぐ。ゆらゆら。スイレン鉢に育ったタリアの茎が水面を動かす。

「お、風が吹いてる。風が吹き始めたら、夏も終わりだなあ。そうしたらなんかこう、むしょうにさみしくなるんだよなあ」

連れ合いと向かい合って、昼ごはんの冷やしうどんを啜《すす》っている。八月八日である。刻んだ茗荷《みょうが》とオクラと三つ葉、白ごまとじゃこをどっさりうどんに盛り上げて、冷たいつゆをかけ回した爽快《そうかい》な夏のうどん。しゃきしゃき噛《か》むたび、みょうがや三つ葉の香りが歯の間で心地よく香り立つ。

窓の外で、目も眩《くら》むような真昼の強い陽射《ひざ》しが弾《はじ》けている。

「青い空がスコーンと抜けているだろ。なのにこういう風が吹くと、ああ夏の終わりも近いんだな、そう思ってさ。さみしーくなるわけだよ。そのうちツクツクボーシなんか鳴き始めたら、もうさみしさ最高潮」

ふうん。そうだったんだ。そんなふうに感じていたなんて、ちっとも知らなかった。本日は立秋であった。

立秋を過ぎれば、厳しい暑さが再びぶり返す。しかし、木々の間を抜けるこの風は、確かについこないだまで吹いてもいなかった。寒いのがなにより苦手なこのお方は、ひたひたと近づく次なる季節を敏感に感じ取っていたのだった。

さて、とりわけ暑さの厳しい今年の夏は、酸《す》っぱいものでどうにかこうにか切り抜けられそうである。あるとき、小耳にはさんだ。「クエン酸はいいですよお。血液がサラサラになるんです。疲労物質の乳酸を分解するから、疲れにくくなる。乳酸も糖質も、おまけに体脂肪も分解するんです」。へええ。その直後、どこかの雑誌でも読んだ。カラダの働きにはクエン酸サイクルと呼ばれるたいそう有益なエネルギー変換回路があるという。そのシステムがうまく回っていれば健康が保持できる。一九五三年にこの学説を発表したイギリスのクレブス博士は、ノーベル賞を与えられた――。

はー、知らなかった。クエン酸って、そんなに重要なものだったのか。

そんな折りも折り、洗濯物を干しにテレビの前を横切った私は画面の前にクギづけになった。

ワイドショーの画面に映し出されていたのは、肥満に悩む女性が一週間、大さじ一杯の酢を飲み続けたのちの血液の映像であった。酢を飲む前の血液↓ドロドロで詰まり気味。酢を飲み続けた一週間後の血液↓まるで春の小川のようにサラサラ。小学生にもすぐ理解できるシンプルな臨床実験の結果は、医者も仰天する劇的な変化を証明していた。百聞は一見に如《し》かず。もはや四の五の言っている暇などない。私はその足で台所へ踵《きびす》を返した。

よし飲むぞ。酢を飲んで血液サラサラになるのだ。

あらまあ、なんとまあ好都合なんでしょう。もとい、なんとまあマヌケなことだ。私は突然思い出した。もう半年以上も前、連れ合いが「飲む黒酢」なるモノを買って放っておいたそのひと瓶が、棚に眠っているはずだ。買い物に行ったデパートの食品売り場で強引に試飲させられて、断れずに買い物カゴに放り込んでしまったという。酸っぱいものがあんなに苦手だろうに、私はオトコの弱気をなじったっけ。

そのひと瓶を引っ張り出してみれば、ラベルにいわく、「飲んで効く！　スーパー健康飲料!!」。悔しさ倍増、私はすぐさま封を切り、ミネラルウォーターを黒酢に足してクイッと一杯。

「！」。その瞬間の爽快さを、ああなんと表現したらよいだろう。まろやかな酸味が喉《のど》から胸の奥へ、すーっと広がっていく。細胞ひとつひとつになにやら「よいもの」が、じわーっと染《し》みこんでいくような快感がそこにあった。これだっ。

朝ごはんのあと、ショットグラスに一杯、くいっ。大さじ一杯分の酢にミネラルウォーターを足して三倍に希釈しただけである。酢はごくごく飲むものじゃあない。だいいち胃に強すぎる。

サプリメントもプロポリスも結局毎日続かないというのに、どうしたわけだろう、酢は無理せずがんばらず、淡々と続いた。「自分で買った黒酢ひと瓶分の責任だけは果たしてよね」と挑発された連れ合いも、「く〜っ酸っぱっ」と叫びながら、どうやら連日まじめにショットグラスをあおっている。これまたまことに珍しい。

さて、そんな「酢の日々」が始まって二週間も過ぎた頃。地下鉄に乗っていた私は、はっと目を見開く思い。以前なら電車に揺られるうち、昼間のどんより鈍重な眠りに襲われるまま、気がつけば船を漕《こ》いでいたものだ。ところが、始発の渋谷から終点の浅草までたっぷり三十分かかる地下鉄の座席でも、例のいやぁな眠りは顔をのぞかせもしない。それどころか、目の前はあくまでもすっきり澄み渡り、カラダもしゃきしゃき、怪傑健康頭巾ここに見参、である。

そうだよ、そうだった。このところ意識するのも忘れていたけれど、そういや駅の階段を上がるときだって全身が羽根のようではないか？　朝の目覚めの爽快感はとびきり軽やかではないか？　疲労感だって雲散霧消していないか？——酢でしたか、やっぱり。

思えば、今年の夏はクエン酸仲間にどれだけお世話になっていたことか。いただいたお中元のなかにも、偶然にクエン酸がいたっけ。その「梅はちみつ」をお玉ですくってグラスに注ぎ、そこへミネラルウォーターを注いでジュースをつくり、大事に大事にひと夏愛飲させていただいた。友だちのマサコちゃんの母上が漬けたカリカリ梅の大つぶも、甘くてほの酸っぱくてまさに珠玉のひとつぶ、減っていく瓶をうらめしげに眺めながらこれまた大事に頬ばる。六月に訪れた台北で買い足した「凍頂茶梅《トンディンチアメイ》」だって、ちびちびと。毎日の食卓には、根菜のピクルスやら高知で買ってきたかぼす酢をじゃぶじゃぶかけたお浸しやら、毎日がお酢三昧《ざんまい》。

ジンセイで、これほど酸っぱいものと仲良しになったことはなかった。なによりおいしくてたまらなかったのだ、酸っぱいものが。

なるほど、と私は大きくうなずく。「おいしい」ものは、つまり「カラダに必要なもの」なんだな。酸っぱさが全身に広がるような、その爽快感！　カラダの声に素直に耳を澄ませば、自分にとって本当に大切なものを知ることができる。そういうことなんだな。

「ねえねえ、どお？　カラダが軽く感じない？　私はもう信じられないほど快調でさ」

うどんを啜りながら、私は問うてみる。すでに黒酢を飲み終え、瓶は自然食品店で買った玄米酢に替わっていた。

「おおそうだったなあ。まあ、そう言われればそんな気もするな」

そんな気もする、と軽く受け流されて密《ひそ》かにカッとする。あんたそんな無自覚なことでいいわけ。私はこんなに……。そう言いかけて、どうどうと自分を諫《いさ》める。

私は夏の終わりを告げる風になど、ちっとも気づかなかった。去りゆく夏の後ろ姿を見送ることができれば、この厳しい暑さにもさびしさの情感を感じ取って惜しむことができる。私は、ほらほら、と指差して教えてもらわなければ、季節の幽《かそけ》き足音に耳を澄ますことはできなかった。

怪傑健康頭巾は、ちょいとうなだれてうどんの箸を置き、八月の風を眺める。

きゅうりのナムプラー風味

▼材料（3～4人分）　きゅうり4本　塩大さじ½　ナムプラー大さじ½　レモ

ン汁大さじ½　粗挽《あらび》き唐辛子適宜
▼つくりかた　①きゅうりは皮を全《すべ》てむき、大きめの乱切りにする。②ボウルに①を入れて塩を振り、全体をよく和《あ》えてそのまま10分ほど置く。③いったん水で洗い、ザルに上げる。④ナムプラー、レモン汁、粗挽き唐辛子を加えて混ぜる。
＊さわやかな風味の箸休め。辛い料理のときにもぴったり！

本日の手土産

今日はイシダさんの新築祝いの日である。オープンハウスというのだろうか。時間は午後一時から五時まで、晴々とした家を三々五々友人知人が訪れては「おめでとう」を言いがてら、「どれどれ、きょろきょろ」と拝見させていただくのである。いや、まことにめでたい。祝いごとに連なるうれしさにちょっぴりうらやましさも加わって、こちらも胸が高鳴る。その弾んだ気持ちの波に揺られながら、思い立つ。

そうだ、手土産に何を持っていこう。

手土産をあれこれ思案するのは楽しいものだ。先方の人数や好み、そのときどきの場の様子やタイミング。さりげなくこちらの気持ちをこめたりなんか、してみたい。これがいいかな、いや、あっちかな。迷うのもまた楽し。ただし、いつもナニカをぐいぐい「こめられて」いてはお互い気が重い。あるときは、「いつもの、これ」「あらうれしい、ありがと」。そんなさらりと気の置けない手土産には、自分の「いつもの」

から選ぶ。駅前の「ぼぼり」のアイスクリームや「うさぎや」のどら焼きとか、乗り換え駅でデパートの地下に立ち寄って「イル・サルマイヨ」のフレッシュなオリーブとかね。なんのことはない、しょっちゅう自分でも買っているもの。気張りようのないところがいいんだな。

さて、新築祝いである。小さなブーケにしようかな。しかし、今度の新しい住まいはカントリー風にしてみました、なんていう意外な展開だってないわけじゃあないしなあ。そうだ夫のタケちゃんは甘いものが苦手だったのだ、確か。ワインかシャンパンも新築祝いには絶好だけれど、こないだ当のイシダさんがうちに遊びに来たとき、持ってきてくれたのはワインだったのだ。なんだか「お返し」みたいでシャレてない。行きつ戻りつ、妙案浮かばず。

と、そんなとき。大阪の友だちから電話がかかった。彼女の大阪弁に相づちを打ちながら、「あ、そうだ」。ナイスタイミング！　モンダイ一気解決。新築祝いの手土産、決定です。押し寿司《ずし》にしよっと。

大阪弁と押し寿司。パズルのピースがかちりとはまったのは理由がある。もう何年も前のことだ。大阪・住吉《すみよし》の小さな寿司屋の暖簾《のれん》をくぐり、わざわざ箱寿司を食べに寄った。箱寿司は、仕事をほどこしたネタと寿司飯を木の箱型に入れて押したもの。

そもそも箱寿司は棒寿司と並んで、文化文政期に完成されたといわれる大阪の押し寿司文化の華である。「二寸六分の懐石料理」と呼ばれるにふさわしく、その色合いは本当に美しい。海老《えび》の赤、錦糸卵《きんしたまご》の黄、きくらげやしいたけの茶、小鯛《こだい》の桃色……四隅もきりりと切り分けられた白い寿司飯の上に、精緻《せいち》華麗な世界が繰り広げられている。「おいしい、おいしい」と頬ばっていたら、店のおじちゃんがカウンター越しに声を掛けてきた。

「あんたら、東京からのお客さん？」

はい、箱寿司がこんなにおいしいものとはついぞ知りませんでした。

「あのな、ほんまは箱寿司は店で食べるもんとちゃうねん。時間がたって全体の味がまあるう混ざった時分が一番うまい。せやから、握りは店で食べるもん、押し寿司は買《こ》うて帰って家で食べるかお使いもんや」

その数時間後東京に戻る私たちが、箱寿司の包みをぶら提げて新幹線に乗りこんだことは言うまでもない。そして玄関になだれこみ、荷物を置くなり熱い茶を淹《い》れる。そこで深呼吸、包んでから半日分の時間を置いた箱寿司を頬ばってみる。

「ああっ」。思わず声が出た。昼間の味とは全然違う！　なんといいますか、全部が渾然《こんぜん》一体となってしっくり馴染み合っている。寿司飯を押す力加減、酢の塩梅《あんばい》、魚にほどこした塩の調子。なるほど、すべてが網目のように複雑に絡《から》まり合い、舌の上にひとつのまあるい円が描かれていた。そうかおっちゃん、これが「馴れる」ちゅうことやったんか。

その日以来、折詰のちらし寿司をすっかり贔屓《ひいき》にするようになった（だって、東京にはおいしい箱寿司が見つからない）。ハレの日にふさわしいにぎやかなごちそうの風情《ふぜい》もさることながら、折詰を持ち帰る時間のぶんだけネタと寿司飯がいい塩梅に寄り添い、馴染み合う。へぎ板も余計な水分を吸収してくれる。のんびり過ごしたい週末の夕方なんか、予約しておいたちらし寿司をいそいそ受け取りに行き、丁寧にとった一番だしでお吸い物なんかこしらえて極楽の夕餉《ゆうげ》。これはもうこたえられない贅沢《ぜいたく》、極楽のひとときだ。

――とまあ、一本の電話がしばらくご無沙汰《ぶさた》していたとびきりのおいしさを思い出させてくれたものだから、本日の手土産は押し寿司で決まり、である。となれば、今度は新たなうれしい迷いごとが頭をもたげる。青山には、大阪の老舗《しにせ》「すし萬《まん》」の小鯛雀鮨《すずめずし》がある。ちらし寿司なら西麻布《にしあざぶ》「梅好」、それとも原宿「八竹《はちく》」もいいな。早く電話で予約を入れておかなければ。ええとええと、とイシダさん一家の顔を思い浮かべながら案を練る。

手のなかに、ずしっと包みの持ち重り。その確かな重みのなかで、時間を味方につけて寿司がゆっくりとおいしさを増していく。そう思えば、電車に乗る時間も歩く時間も、アレどこだっけ新しい家、とうろうろ探す時間までも滅法楽しい。道すがら、寿司の香りがふわりと立ち上がって鼻先をからかって通り過ぎるので、たまらず生つばをごくり、飲み込んだりする。

▼すし萬
大阪市中央区高麗橋《こうらいばし》4-5-11
電話 06・6231・1520
青山店
港区南青山3-11-13
紀ノ国屋インターナショナル内
電話 03・3409・1089

▼梅好
港区西麻布3-13-21
電話 03・3401・0376
▼八竹
渋谷区神宮前《じんぐうまえ》6-29-4
電話 03・3407・5858

ちこちゃんのケーキ

いったいどんななりゆきで、あの日招《よ》ばれたお客がなぜ私ひとりだったのか、三十数年もたってしまった今では思い出すことも確かめることもできない。しかし、すっかりオトナになったのちもケーキを前にするたび、私はあの日のことを思い出すことになる。

それは、小学校六年の冬の日、日曜の午後のことだ。私は同級生のちこちゃんの家に招ばれていた。私が二学期の学級委員長で、ちこちゃんは一学期の学級委員長だった、確か。水泳部もいっしょだったけれど、クロール百メートルをダッシュで四本か五本も泳げば私は息が上がってしまうのに、ちこちゃんは抜き手の速度も落とさず、ぐいぐいと水中を進んでいった。彼女が水中からすいっと頭を傾けて息継ぎをする様子を、私は今でも鮮やかに思い出すことができる。だって、そりゃあかっこよかったんだ。

さて、ともかくその日のお客は私ひとりなのだった。小学校の頃盛んに流行した誕生日会は結局のところ「仲良し確認会」とでもいうべきしろもので、招ばれた者どうしが「私たち仲良しだよね、裏切りっこなしだよね」と暗黙の認識を結び合う踏み絵同然の集まりであった。だから、あの子もこの子も誕生日会に招いておけば自分の味方を着実に増やした気になれた……そんな空気をみんなどこかで感じ取っていたに違いないのに、しかし、最初に自分が「誕生日会、やめた」と先頭を切るには勇気がいりすぎた——。

と、そんなわけだったから、クラスのリーダー格のちこちゃんが招んだのはなぜ私ひとりだったのか。ふと思う。ちこちゃんが潔《いさぎよ》く「誕生日会、やめた」と最初に示してみせた、そういうことだったのかしらん。

家のなかはひっそりしていた。応接間に上がったら、年の離れたちこちゃんの姉がソファに腰掛けて雑誌をめくっていた。所在なくその隣に座っていると彼女はふと目を上げてこちらに振り返り、「いっしょに見る?」。そう声をかけて一冊の雑誌を示した。それが創刊間もない「an・an」だった。

高校生のお姉さんがページをめくるごとに私は息を飲んだ。こんな服があるのか!こんなお化粧があるのか! うわあ、うわあ! 私は肩で息をしながらページを凝視した。そこへいつの間にかちこちゃんも加わって、三人いっしょに頭を突き合わせて「このスカート、着てみたい！」「私ならこっちのセーター、買ってもらいたい！」。仮想ショッピングに夢中になった。「ファッション」というコトバの意味だって、初めて知った。さっきまで拍子抜けするほどひっそり静まり返っていた誕生日会の空気への違和感は一気に吹き飛び、私は期せずして「ａｎ・ａｎ」の仲間入りを果たした興奮に酔いしれていた。

そんなときだった。「ふふふ」と意味ありげに笑って、ちこちゃんが立ち上がった。

「ケーキ持ってくる。あのね、今日はお父さんもお母さんもおでかけしてるんだ」

応接間のテーブルの上に運んできた白い紙箱のフタを取ると、まっ白な二段重ねの四角いバースデーケーキが現れた。丸じゃあなくて、四角いケーキ。赤や緑の毒々しいチェリーやピンクのクリームのバラなんかのっかっておらず、ただチョコレートの「ハッピーバースデー」の文字がすっきりとオトナっぽかった。へえ、こんなおしゃれなケーキがあるんだあ。うっとり眺めていたら、ちこちゃんがフォークを三本差し出しながら、お姉さんと目くばせして言ったのだ。

「このまま食べるんだ。でも絶対ないしょだよ。やってみたかったの、一度でいいから」

どかんと大きなバースデーケーキを取り囲んで、それをフォークで崩しながらわしわし食らう——背筋がぞくぞくした。胸が震えた。たった三人で、こんな大きなバースデーケーキを、好きなだけ食べる！ しかもフォークをそのままケーキに突っ込んで！ ああもう夢みたいだ。私だって、この私だって一度でいいからやってみたかったあぁ。全身を駆け巡るのは、興奮と期待と、禁忌を破るキョーフと後ろめたさ。どくどくどく、心臓の音が聞こえてきそうだ。

「ハッピーバースデー・トゥ・ユー」なんて歌ったかどうかも覚えていない。三十余年の歳月を一気に飛び越えて蘇《よみがえ》ってくるのは、二段重ねの大きなスポンジにフォークを刺しこんだときの、ふわーっとどこまでも行き止まりのない感触！ それは、今まで経験したことのない「空前絶後の贅沢」であった。

——けれども、その先には意外な結末が待ち受けていた。

食べられなかったのだ、たいして。

目前に立ちはだかる巨大な崖《がけ》に挑戦をして果敢にフォークを侵攻させたわけだが、あらら、五回か六回めを頬ばったあと、急にストンと勢いが落ちた。そんなはず、ないよ。あれほど怒濤《どとう》の興奮に舞い上がったのだ、今度は悔しさが湧《わ》き起こる。スコップよろしくフォークで崖を掘り進めるのだが、手の動きがすでに緩慢である。クリームを頬ばるのが夢だったのに。甘いスポンジでおなかいっぱいになってみたかったのに。気ばかりあせって口に運んでみれば、今度は口が開いてくれない。無理やり押し込んでみても、喉《のど》を通っていかないんですよう。気合満々、ケーキを完全包囲したはずの三人はすでに血糖値も最高潮、同じ頃合いに虚《うつ》ろな表情で力尽き、あえなく降参したのだった。

ついさっきまでまぶしく輝いていた白いお城は、三方向からの襲来を受けて内側のスポンジをぼさぼさに露呈させ、見るも無惨《むざん》な廃墟《はいきょ》に変わり果てていた。その風情はあたかも、ぐしゃぐしゃに踏みにじられ、泥だらけに汚されてしまった洗いたてのまっ白なスニーカー。張本人はほかならぬ私たちだ。そのうえ、「食べものを粗末にしてしまった」後ろめたさがぐさりと刺さる。

（ちこちゃんのお父さんとお母さんのぶん、どうするんだろ。バチ当たるかも）

打ち上げ花火のように、ほんの一瞬派手な歓声に包まれた誕生日会はひゅるる〜と音を立てて、あっけなく失速した。時代の先端を突っ走る「ａｎ・ａｎ」の興奮などもどこへやら。予想もしなかった成りゆきに打ちひしがれて、誰もひとことも発しない。それもそのはず、血糖値は針を振り切って思考能力を失い、呆《ほう》けて宙を仰ぐばかり。パタンとフォークを置く音だけがむなしく響く。

泣きたい気分だった。このあと、どうしたらいいんだろ。ちこちゃんになんて言えばいいんだろ。そのときだ、耳もとで神様が厳《おごそ》かに囁《ささや》いた。

「甘いものを、甘く見てはいけません」

都会のムラへようこそ

あったかな皿の上に、青白い炎がゆらゆら揺らめいている。気恥ずかしくなるほど豊満なオレンジの香り。美しく折り畳まれたクレープ。その非日常的な風景に一抹の含羞《がんしゅう》を覚えながら、しかし私はごくりと生つばを飲み込み、ナイフとフォークを手に——。

一九七六年、早春の昼下がり、西荻窪駅前の喫茶店「こけし屋」。初めて味わう(四百五十円、炎つき！)「オレンジ風味のクレープシュゼット」が目の前に運ばれてきた。これが「フランベ」ってものなのね。オレンジの香りのなかにはブンカの微粒子がちりばめられていた。

ああ、あの日のあの青白い炎こそ、中央線の呪縛《じゅばく》を厳かに告げる御象徴《みしるし》だったのかもしれない、今思い起こせば。

大学は西荻窪の東京女子大学。親元を離れて住み始めたのは国立《くにたち》。以来延々二十五年、高円寺、阿佐谷を経て外堀を埋めながらにじり寄るかの如《ごと》く、再び西荻窪。そんなわけですから、電車といえばほかに何あろうわがオレンジ色の中央線、であります。

いやはや、こうして書いているだけで頬も赤く染まる「中央線濃度」の激しさだ。西荻（ニシオギ、なのです。やっぱり）の引力に吸い寄せられるように出戻って五年目。この街の風は昔とちっとも変わらず、いやそれ以上にどこか緩ぅくて甘やかだ。それは、暮らしの愉《たの》しみをたっぷり掌中にしたのち、再びこの街の住人になったからではないか。

たとえば、えいと仕事を放り捨て、青空のもとカゴひとつぶら提げて散歩に出る日の楽しさといったら、もう！　街じゅうに無限の「幸せコース」が潜んでおりまして、あらかじめルート設定して目的を絞りこんでおかねば、日が暮れても家路に着けやしない。

その①「花と骨董三昧《こっとうざんまい》コース」

伏見通り「陣屋」から始まって「古美術　砧《きぬた》」。母校「東女《トンジョ》」の前を大きく右へ迂《う》回《かい》して地蔵坂を経由、途中でパンや焼き菓子を「ムッシュソレイユ」で買い込んで、そのまま「ブリキ星」までとことこ歩く。足の赴くままあちこち引っかかってはおしゃべりに花を咲かせ、いいもの探し。帰り道、手提げに気持ちのよい蕎麦《そば》猪口《ちょこ》の包みでも入っていれば上々だ。仕上げにいつもの花屋「エル・スール」で緑の枝ものでも抱えて帰れば、口笛の音色も違う。

その②「うまいもん買い出しコース」

「買うぞっ」とハラが据わっている日は、アイルランドで買った特大の手提げカゴを持つことになっております。牛肉は、まさに西荻の宝とでもいうべき「寶家《たからや》牛肉店」。どの部位でもいい、ここのを口にすれば、牛肉を味わう幸福を手放してなるものかと誰もが鼻息を荒くするはずだ。あの誇り高きすね肉の美味を君は知っているか。はたまた豚肉なら、「とらや」。鮮魚はとびきりの味を経木に包んでくれる「魚庄」。ソーセージは「もぐもぐ」で、野菜は「長本兄弟商会」。日本酒は全国にその名を轟《とどろ》かせる地酒の宝庫「三ッ矢酒店」。そしてですね、重いカゴを下ろしてアイスクリーム「ぼぼり」でひと休憩。ここがあるから重い荷物もガマンができるというものだ。春先はつぶしたてのいちごアイス。夏はライチのアイスクリームで買い物の幸せは最高潮に達する。

その③は、ベンチでぼうっと空を仰ぐ「路地裏の小さな公園巡りコース」。その④晴天ならば「善福寺公園まで、てくてくコース」といった具合です。

各コースの道中に適宜うまいもんが挟み込まれるのは当然のこと。とびきりうまい海南チキンライス「夢飯《ムーファン》」、「坂本屋」のカツ丼《どん》。「ダンテ」のコーヒー……いやもう女王様のご機嫌次第、よりどりみどりの絶品揃《ぞろ》い。

いかがでしょう。この層の厚さはどうだ。重層的な街のふくらみこそ、西荻の味というもの。そのうえ歩けば歩くほど、知れば知るほど、そこはかとなく「ムラののどかさ」がにじんでくるのが最大のミソである。西荻という街がもたらすやわやわとした安心感。それは、街全体が「ムラののどかさ」に覆《おお》われているからなのだ。おなじような空気を、私はアジアやヨーロッパやあちこちのムラを歩いているときに嗅《か》ぎ取り、するとにわかに「わが街西荻」が恋しい。

あれは七〇年代の後半だった。私が古本屋を巡る愉しみを覚えたのは神田やお茶の水ではなく、ここ西荻だった。「どんぐり舎《や》」や「物豆奇《ものずき》」で喫茶店で過ごす時間の味わいを知り、「アケタの店」でジャズに没頭する喜びと出会い、焼き鳥「戎《えびす》」で夕暮れどきに干す一杯のビールの情感を知った。「ほびっと村」のビルに足を踏み入れれば無農薬野菜、ヨガ、東洋医学……カウンターカルチャーの匂《にお》いもたっぷり吸い込んだ。こうして煙草《たばこ》はショートホープ、愛読書はブレヒト、倉橋由美子《ゆみこ》、九鬼周造。ちょいとヒネた中央線の女子大生がいっちょ上がり、なのだった（ああハズカシイ）。

しかしながら、振り返ってみれば毎日の暮らしに詰まっているよしなしごとは、あれもこれもこの街から教わった。本も音楽も、ひとりぼんやりしたり、ぷらぷら街を歩く愉しみも、街でおいしいものに出会う喜びもなにもかも。

なーんだ、そうだったのか。ひとりごちて自分の来《こ》し方に納得する。結局のところ西荻は住人に甘やかな安堵《あんど》を与える「都会的なムラ」であり、中央線はその集合体である。だからそのぶん吸引力は絶大で、かつ十分に私小説的だ。そろそろ正直に告白しよう。実家は倉敷、住まいは国立、徘徊《はいかい》先は西荻窪。そんな自分の「根っこ」とそろそろきっちり向かい合ったらどうかね。もうひとりの自分が最近しきりに囁く。

「こけし屋」のなつかしき炎のクレープシュゼットはいつのまにか姿を消したけれど、半世紀も生き、三つの記号を解読する頃合いに私も差しかかっているような。

えへへ。いやこの自虐《じぎゃく》ぶりもまた、「中央線濃度」値の高さがなせるちょいと困った自意識なのだけれども。

私の香菜修業

くるちぃ、くるちぃ。

二日酔いの朝である。がらんどうの頭のなかに大銅鑼《どら》の音ががんがん鳴り響き、五臓六腑《ごぞうろっぷ》が悲鳴を上げて哀《かな》しげにのたうちまわる。くるちぃよう。助けてよう。

あーあ、どうしてあんなに飲んだのだろ。毎度のことながら反省と自責の念にまみれるのだが、その一方でこんな思いもちらりと顔をのぞかせる。「オイシカッタナ、タノシカッタナ昨夜のオサケ」。私というニンゲンの、学習のなさ、思慮のなさがつくづく恥ずかしい。

ところがその一方、自分を褒めてやりたい！　と叫びたいときだってちゃんとありまして。よくぞここまで歩いてきたもんだ。頭をなでてよしよし讃《ほめたた》えてやりたい。そんな気持ちになるのはね、じつは香菜をばくばくわしわし頬ばっているときです。

香菜には異国の喧噪《けんそう》が響いている、と言ったひとがいる。うまいなあ、座布団《ざぶとん》五枚。

わいわいがやがや、とかく日本では香菜は物議を醸《かも》す。いや、物議どころか、これみよがしに鼻をつまんで五メートルは後ろに飛び退《の》くひとだっている。天敵だと公言するひともいる。天誅《てんちゅう》を下すべく、顔をそむけながら皿の上の香菜をひと葉残らず一掃撤去に及ぶひとだっている。多くの場合、女性よりも男性がね。そうですか、あなたもですか。

怪しい香り。馴染《なじ》まぬ香り。「カメムシをつぶして、それをドクダミの葉っぱと混ぜたような香り」と悪口を耳にしたときには、「そこまで言うか……」とカッときたけれども、そんな憂《う》き目に遭うのもわからぬではなし、と思えてしまうところが香菜の大いなる弱点である。ところがどっこい弱点どころではない、気づかぬうちにいつしか運命の愛が芽生えている。はっと目覚めたら、香菜なしでは生きられない……香菜は、そんな底知れない魔力を隠し持っている。

えへへん。この私がそうだった。今ではお粥《かゆ》にだってバサリとひとつまみ、香菜がなくては気がすまない。ベトナム料理やタイ料理に香菜がなければ、つくる気も食べる気も失《う》せる。あの香り、あの風味がなくてはダメなカラダになってしまいました。

そんなふうに運命の愛にどっぷり身を浸すまで、つまり香菜との運命の出逢《であ》いを果たしてから今日まで、二十数年が過ぎた。

初めて香菜と相まみえたのは、あれは八二年であったか。ところは、有楽町にあったタイ料理レストラン「バンコク」。東京にできた東南アジアのレストランで最も早かったのは、七〇年代半ば大久保の裏通りに登場した「喜楽南《ヒーラクナム》」だったと記憶しているが、銀座のはずれのこの「バンコク」もまた、タイ料理レストランの草分け。連れていってくれたのは写真家の藤原新也さんであった。揚げ魚の甘い醬油《しょうゆ》煮込みの上に、ひとひらの葉っぱがへらりとくっついていた風景を、なぜだか私はつい昨日のことのように鮮やかに描き出すことができる。へええ、こういう香りの葉っぱがあるんだな。しかしその日、それが香菜という名前を持つなど知るよしもなかった。

そして、香港を繰り返し訪れ、タイ全土を巡り、台湾や中国へ、ベトナムへ。見えない力に導かれるようにアジアの階段を上り続ける私の前に、どこの国の食卓でも「毎度こんにちは」と必ず現れる緑の葉っぱがあった。それがほかならぬ香菜である。

「よくまあ好き嫌いもなく、なんでもかんでも食べますね」

ベトナム・ハノイの安食堂で、皮つきの豚肉の煮込みに香菜をのっけて工事現場で働くみなさまとおなじようにどんぶり飯にして頰ばっていると、半ば呆《あき》れて旅の仲間がそう声を掛けてきたものだ。

はい。そこの土地のおいしいものなら、なんでもありがたくいただきます。いや、おいしいものだけではない、ごくありきたりのもの、とるに足らないもの、まずいものだって口にしてみなければ、土地や気候風土を知ることはできない。まるごとからだのなかにおさめることなどできやしない。簡単なことだ。そのシンプルな原理が、私の背筋に一本通っているだけのことである。好き嫌いの問題ではないんですね。

しかしながら、馴染むには時間の積み重ねが必要なときがある。香菜は実際のところ、そのうちのひとつであった。

初めて香港《ホンコン》を訪れた日、お粥といっしょに運ばれてきた香菜の碗《わん》には、箸《はし》が伸ばせずにそのまま残しました。幼い頃から馴染んだ三つ葉やみょうがの香りには食欲をかき立てられても、いきなり登場したこの新しい匂いは少々ハードルが高かった。嗅覚《きゅうかく》がきゅーっと狭まって、香菜の香りを通すまいとがんばるのだった。

けれども、来る日も来る日も「毎度こんにちはー」。香菜はあっけらかんと玄関の扉を叩き続ける。ある晩のことだ。蒸した石モチの皿が運ばれてきた。魚を蒸しただけのシンプルな「清蒸魚《チンヂエンユイ》」である。絶妙の蒸し具合を得て、ふんわりまっ白な身を箸でほぐしながら、大皿に添えられた香菜とねぎもいっしょに、ふと頬ばってみる気になった。淡白な、しかしほどのよい脂《あぶら》がしっとり口中に広がる。そこにしゃきんと勢いのよい香菜とねぎの香味が加わる。この料理は、香菜なしではおいしさは半減だ。

完結したおいしさを備えた料理というものは、経験や好みをあっさりと超えさせる。

とまあそんなふうにして、私は香菜との一線を越えた。なんでもありがたく胃袋におさめているうち、それこそ東南アジアがぽん、とまるごとからだのなかに入ってしまったのだった。

なるほど香菜がなくては東南アジアの料理は成立しないのだなあ。つくづくそう教えてくれた料理が、いくつもある。たとえばタイ料理のナンパオ・ワーン。殻つきの新鮮なえびを炭火でこんがり焙《あぶ》り、たっぷりのパクチー、つまり香菜といっしょにごはんに添える。この料理の定番のたれは、ナムプラーにタマリンドやにんにく、砂糖を混ぜてつくったもの。この甘酸《あまず》っぱいたれをちょいとつけ、スプーンにのっけたえびや香菜、そしてごはんが三位一体となって口のなかで弾《はじ》けたその瞬間！　香菜と私との関係はさらにのっぴきならないものとなった。

また、タイで香菜が使われる様子にも衝撃と感動が走った。タイの家庭では、香菜の根っこ、ラート・パクチーは決して捨てない。黒胡椒《こしょう》やにんにくなどといっしょに叩きつぶし、これを揚げものや炒《いた》めものの「味の基本」として活用するのだ。あれほどドスの効いた辛さを鳴り響かせるタイ料理が深みのある味わいを醸し出すには、香菜がひと役買っているのだった。

中国でも香菜は欠かせない。冬の北京名物「涮羊肉《シュワンヤンロウ》」は、薄切りにした羊肉を箸でつまんで湯通しして食べるしゃぶしゃぶの原型となった鍋《なべ》。そのつけだれには、魚醬（ナムプラー）やごま油、老酒《ラオチュー》、腐乳《フールー》などといっしょに、刻んだ香菜がなくては。もちろん炒めもの、蒸しもの、揚げもの、お粥においてをや。また、インドではフレッシュな葉っぱをペースト状にして唐辛子を混ぜ、チャツネにする。メキシコでつくるのはグリーントマトといっしょに混ぜるサルサ・ヴェルデ。どちらも、食卓に映える「美しい緑のソース」だ。

そもそも香菜の原産地は地中海沿岸である。エジプトの古墳から種子が発見されたというから、その歴史は古い。当時はもっぱら薬用に使われ、それがヨーロッパや中国に広く伝播《でんぱ》していった。世界中に自生して、種子から葉っぱ、根っこまで愛されるようになったのは、「セリ合って生える」ほど繁殖力の旺盛《おうせい》なセリ科の多年草の面目躍如である。

さて、タイではパクチーと呼ばれ、英語ではコリアンダー。中国では「香菜《シャンツアイ》」、メキシコではシアントロ。世界各国、いろんな名前で出ています。日本では、さすがに名前なんか与えられていなかったに違いない……と調べてみたら、あらまあびっくり！　じつは香菜は、十世紀に中国から到来したという記述が残されており（『延喜《えんぎ》式)九六七年)、江戸時代にはポルトガルから日本へ再び入って「こえんどろ」と呼ばれていたのだった。しかしながらその強い香りが災いして、日本の食卓には敬遠され続けるという暗い過去を背負わされてきた。

香菜が「コウサイ」と音読みで呼ばれ始めたのは一九七三年、農林水産省が新規野菜の名称を統一したときの呼び方である。この頃、アーティチョーク、クレソン、エンダイブなどたくさんの西洋野菜とともに青梗菜《チンゲンサイ》や空心菜《くうしんさい》をはじめ、新たな中国野菜も広く流通し始めた。そのなかにあって香菜は長らく後塵《こうじん》を拝していたけれども、しかし、このところのめざましい活躍ぶりはどうだ!

日曜日の夕方、「さあ今日は香菜カレーつくるぞ!」と腕まくりしてスーパーに駆け込む。と、「あれれっ」。「香菜」の棚はすっからかんではないか。「そんなバカな……」と確かめてみれば、「あ、今日は売り切れです」。つい二年も前ならば、香菜は閉店まで棚にへばりついていたというのに。

バンザーイ。ついに夜明けがやってきたのだ。つらい歳月を耐えてきた甲斐《かい》があったね。私は香菜と手を握り合って歓喜の涙を流さんばかり。ビタミンCやカロチンだってたっぷり含まれているのだ。解毒《げどく》作用や整腸作用だって併せ持っているんだぞ。

中国じゃあ、風邪を引いたときにどんぶりいっぱいの香菜に胡椒と熱湯をかけて平らげるひとだっている。リッパな生薬でもあるんです、香菜は。威風堂々、大えばりで世間を闊歩《かっぽ》してほしい！

　冬のある日。静岡・浅羽町で香菜専業農家を営むご夫婦を訪ねた午後を、私はいまだに忘れられない。ビニールハウス一面に香菜がふさふさ茂っている。農薬も化学肥料も一切なし。さすが「もと雑草」はたくましく、堆肥《たいひ》だけで勢いよく育っていた。日本にもこんな風景がやってくる時代がきたのだ――。

「試しに育ててみるか、と始めたはいいけれど、十年ほど前はさっぱり売れなかったんだ。でもね、ここ四～五年は需要もだんだん伸びて、値段も安定してきたねえ」

　お父さんがそう言えば、お母さんが続ける。

「最初はね、抵抗はあったのよ。でもね、気がつくと香菜なしではいられなくなっちゃった。醬油ともすごく合うの」

　香菜農家のお母さんは、香菜料理のエキスパートであった。いかと香菜のかき揚げ、てんぷら、お浸し、豚汁にうどん、炒《い》り卵にもつ鍋に、白菜と香菜の漬け物……「もう何にだって使うわよ」。

　台所で香菜を刻みながら、そしてお母さんはぽろりと口にした。

「香菜は香りを食べる野菜だからね、香りを生かすように料理するのが一番のこつなの」

私の目尻《めじり》にはナミダさえ溜《た》まっていたかもしれない。香菜のおいしさの真実がずばり、言葉のなかで煌《きら》めいていた。タイでもインドでも中国でもメキシコでも、世界中のみながうなずく言葉を、この静岡で聞いた——。

たとえ背を向けるひともいつしか振り向かせて、知らぬまに自分の世界に引き入れてしまう。香菜の香りには、そんな運命の愛を誘いこむ魔力が確かに潜んでいる。

香菜カレー

▼材料（5〜6人分）　牛ひき肉600g　玉ねぎ1個　香菜（大束）4束　トマト水煮1缶　水1カップ　おろしにんにく小さじ1　おろししょうが小さじ½　サラダ油、塩、胡椒適宜

A［タカノツメ1本　ベイリーフ1枚　シナモンスティック1本］

B［クミン小さじ1⅓　コリアンダー小さじ1　ターメリック小さじ1½　黒胡椒小さじ¼　粉唐辛子小さじ1½〜（いずれもパウダー）］

▼つくりかた　①玉ねぎ、香菜はみじん切りにする。②鍋にサラダ油を熱し、Aを炒めて香りを出す。③玉ねぎを炒め、牛ひき肉を入れてBのスパイスを加え、全体を混ぜる。④香菜を加え、よく混ぜながら炒め、トマトの水煮と水を加えて煮る。⑤半量くらいになったらにんにくとしょうがを加え、塩、胡椒をして調味する。

だしさえあれば

東京・虎《とら》ノ門《もん》、昼下がりの裏通りである。桜田通りから一本奥に入った路地裏に店を構える関西割烹《かっぽう》「つる壽《じゅ》」の二階で、主人の柿澤津八百《かきざわつやお》さんにお話をうかがっている。

「一日に五本か六本はかきますよ、鰹節《かつぶし》。どんなに少なくたって三本はね」

だしの話である。だしは店の屋台骨である。だしの味で、店の味が決まる。

「だしは一日に二度引きます。店を開ける昼前、そして夜に店を開ける直前の夕方。ですから、鰹節も二度かく。そして、かいたら間髪を入れずに鍋のなかに入れてだしを引くわけです」

時間を置くと、だしは香りも風味もだめになる。鰹節はそれほどまでに微妙な生き物なのですよ。柿澤さんの目がピカリと光る。と、そのとき階下から音が聞こえてきた。

「シャッ、シャッ、シャッ、シャッ」

鋭く高い乾いた音である。腕時計に目を落とす。夕刻四時半。リズミカルに音は続く。もしかしたらあれが鰹節をかく音……。

「そうですよ。鰹節の削り方にも年季が必要でね。あのくらいの音が聞こえていればうまく削れてますな」

シャッ、シャッ、シャッ……その音を聞いていたら、耳の奥に戻ってくる音があった。

——ジャリッ、ジャリッ。

台所の板の間に座って、鰹節を削っている。私は夏服を着ており、鰹節を握ってカンナの上を滑らせるのだが、ジャリジャリと歯切れの悪い音が立つばかり、いっこうに箱のなかに削り節はたまっていかない。夏休みのお手伝いである。あーあ。損な役回りにため息をついてみせるのだが、しかし私には密《ひそ》かな楽しみがあった。

十歳の頃のことだ。

「いいもの見せてやろうか。特別だぞ」

ヤスオくんは校庭の鉄棒の端っこで後ろ向きに立って大えばりでそう言い、ズボンのポケットから自慢げに握りこぶしを差し出す。「これなーんだ」。

もったいをつけてヤスオくんが五本の指をゆっくり開くと、そこにはつやつや輝く紫色のカタマリがあった。

「あ」。それが何か私にはすぐにわかったけれども、あんまりヤスオくんの顔が真剣なので、そんなの私だって持ってるもん、とは言い出せなかった。

それはちびた小さな鰹節である。四方から削って削って、まるで面がダイヤみたいにいくつもの菱形《ひしがた》になった親指ほどの削り残し——。

夕飯のしたくが始まる頃になると、鰹節を削った。ジャッ、ジャッ、ガリガリ。子どもごころにも、鰹節削りの刃は壊れないだろうかと不安になった。その一方で、台所の床に座って毎日毎日削るうち、ちびていく鰹節がたまらなく大事に思えてくる。もう短かすぎて削れなくなった鰹節は、何個もためてこっそりオルゴールの宝石箱のなかにしまった。

鰹節を削る音のなかからアラジンのランプの精が現れ出《い》て、記憶のはるか彼方《かなた》からそんな煌《きら》めきを輝かせた。しかし今だって、鰹節の向きも握り方も、力の入れ具合もあの頃と較《くら》べてたいして進歩なんかしちゃおらず、なんとまあ情けないもんだ。へたねえ。母のひと言が聞こえてきそうな気がする。

だいたい、いい鰹節の見分け方からして覚束《おぼつか》ない。雄節と雌節の違いだって、ええと背の側が雄節、腹側が雌節。雌節のほうが脂肪がついていてコクのある味になる。一方、半身におろして背も腹もついた平べったいものは亀節《かめぶし》と呼ぶのだった、確か——いや、だってしかたがない。このかたずっと、手軽で手早いパック入りの鰹節ばかり使ってきたのだもの。

「あらあ、鰹節は自分でかくものだと思ってたから、パックのなんか使ったことないわよ」

さらりとそう言うひとに出会ったりすると、ああかなわないなあと思う。なにかこう、自分のいい加減さとか怠惰さとか、そういうだめなところを目の前に突きつけられたようなしょぼくれた気分である。

けれども、自分で鰹節をかいていちいち丁寧にだしをとりたいと切実に思うようになったのは、多少のゆとりというものなのだろうか。本節はお味噌汁《みそしる》や和《あ》えものに使うけれど、亀節は血合いのところもそのまま入っているから、こっくり仕上げたい煮物に。引き出しのなかにたまったおかかの香りを嗅《か》ぎながら、そんな使い分けだってしてみたいものだと、しみじみ思う。

いやなにより、小気味いい軽やかな音を自分で立ててみたい。そして、ちびて尖《とが》った小さな宝石の輝きにも、再び逢《あ》いたい。

日溜まりのなか、猫が毛糸玉みたいにまんまるになって昼寝している。そんな穏やかな休日の午後は、のんびりお茶を淹《い》れてひと仕事。

長いままの昆布を五センチ四方にチョキチョキ切って、瓶に入れておく。次は煮干しである。頭と骨、ハラワタをはずして始末し、残った身の部分を瓶に詰めておく。そして、今度は同じようにアゴに取りかかる。アゴは、数年前からわが家のだし軍団に加わった新顔である。

アゴは、トビウオの呼び名だ。特産地は長崎・平戸や五島有川《ありかわ》湾沿岸あたり。ことに日本海側の中国地方から九州にかけて、だしの素材として欠かせないと聞く。「うちでは、焼いたアゴでお雑煮のだしをとるんです。とってもおいしいのです。これ、一度試してみてくださいな」。福岡出身のモリタさんが、実家に戻ったときお土産に携えてきてくれた。

きゅっと締まった身はなかなかたくましく、見るからによいだしが出そうに思われた。ああそうだ、山陰あたりではあちこちの土産屋さんでしきりに「アゴちくわ」を見かけるものだから、ついつい毎度買い込んで帰るのだっけ。アゴの身でつくったちくわはしこしこぷりぷり、しっかりとした味わいがあとを引く。家に飛んで帰って、私はいそいそ台所に立ちました。

さて、アゴでとっただしの格別のおいしさをなんと表現したらよいか。アゴだしは、いりこでとった味わいと明らかに一線を画する。いりこだしのうまみは、雑魚《ざこ》ならではの不透明な雑味にこそある。雑味が、味わいの広がりに転じている。ところが、アゴだしには雑味や生臭さが見つからない。むしろ、味わいのなかにきりっと澄んだ一本の輪郭が描き出されているといったらよいか。アゴが海面をぴゅーんと飛び交う姿は、さながら海のアスリート。よけいな脂肪のついていない筋肉質の味わい、それが初めて知ったアゴだしのおいしさの個性であった。

また、アゴは使い方ひとつで微妙に味わいが変化する。頭やヒレ、骨や尾を丁寧にとって身をほぐしてやれば、だしはそのぶんアゴの個性を濃厚に主張する。たとえば、京都からたけのこが届いた春の夕刻。今年のたけのこは、アゴで煮てみようか。ふと思い立って夜中にアゴの身をほぐし、水を張った鍋にひと晩浸しておく。翌朝いったん晒《さら》しで漉《こ》せば、昆布も何もいらない、アゴだしの風味がじわりと染《し》みこんで、こっくりよいお味。アゴだしで煮上げるたけのこのおいしさも、なかなかのものですよ。

鰹節。昆布。煮干し。アゴ……おっといけない、ここで忘れてはまことに申し訳が立たない面々もいらっしゃる。鶏肉《とりにく》、豚肉、牛肉のみなさんである。

鶏肉なら、もも肉かささみ。豚肉ならもも肉か肩ロースあたり。牛すね肉なら大きな鍋にカタマリのまま入れて、しょうがの薄切りをひとひら、ねぎの青いところを一本分。そこへたっぷりと水を張って火にかける。決して沸騰《ふっとう》させてはいけませんよ。鍋の表面がゆらゆら機嫌よく躍っている、そんな感じ。三十分から小一時間静かに煮たら、美しく澄んだとびきりおいしいだしの出来上がりである。

おなじ鶏肉でも、もも肉とささみではまったく味わいは違う。もも肉ならしっかりコクのあるまろやかなだしがとれるから、そのままじゃがいもやキャベツを煮たりする。一方、ささみでとっただしは、絶対にスープだ。ほんの少しの酒と塩を足し、淡さのなかの確かさをじっくり楽しむ。きゅうりとねぎ、トマトと卵の組み合わせは、それぞれわが家の二大定番である。また、豚肉でとっただしは、すべてのスープに。刻んだキャベツを入れてただ煮ただけだって、思わずうなるとびきりの味。牛肉でとっただしをきりりと冷やしてつくる冷麺《れいめん》は、わくわく胸も高鳴る贅沢《ぜいたく》な逸品である。

肉はどうするのですかって？　まず、そのまま火を落とした鍋のなかで落ち着かせてやりましょう。荒ぶりがおさまった頃取り出して、こころもち厚切りに。牛肉ならマスタードを添えて、豚肉ならキムチなんかといっしょに。冷蔵庫に保存して必要なだけ切って、和えものや炒《いた》めものにも自在にどうぞ。鶏肉ならきゅうりやセロリ、胡《ご》麻《ま》だれなど添えたくなる。だし汁もゆで肉も、2×2が10にも20にもなります。だしさえあれば。だしさえとれば。私はしょっちゅう、そんなふうに唱えて自分を勇気づけてみる。おいしいだしさえあれば、あとはなんとでも。冷蔵庫がすっからかんの日だって、なんでもいい、だしさえあれば熱いところに刻んだ海苔《のり》をただ散らしただけで立派なスープが食卓に現れる。そのひとさじの、心底ほうっと安堵《あんど》する安らぎの深さはどうだ。「ああ、おいしいな、元気が出るな」。だしさえあれば。よっこらしょ、と自分を鼓舞するときのおまじないである。

きゅうりとねぎのスープ

▼材料（3～4人分）　きゅうり1本　長ねぎ½本　鶏スープ4カップ　酒大さじ½　塩適宜

▼つくりかた　①きゅうりと長ねぎはせん切りにする。②鶏スープを沸かし、塩と酒で調味する。③長ねぎときゅうりを加え、色が変わったらすぐに火を止める。

＊鶏スープはささみや鶏もも肉で簡単につくれる。鍋に湯を沸かし、しょうがの薄切り、長ねぎの青い部分、ささみか鶏もも肉を入れて静かに煮る。沸騰させると濁るので、火は表面が躍るくらいにキープする。

お日様のいう通りに

たっぷりそば湯をかけたゆでたてのそばの丼《どんぶり》が運ばれてくると、大急ぎでのせるのはもみじおろしと刻みねぎ、海苔《のり》。そして箸を割る手間ももどかしく、舌が火傷《やけど》しそうな熱々を啜《すす》りこむ。

出雲《いずも》の釜揚《かまあ》げそばである。挽《ひ》きぐるみのそばにとろりとそば湯をかけた「在のそば」。そばをゆで始めてまだ回数の浅い午前中には、そば湯はさらりとした風味だが、夕方になるにつれ、店では朝から繰り返しそばをゆで揚げて釜のなかの湯はとろりと重みを増していく。ゆでたてのそばとともに、そのそば湯もいっしょに汲《く》んで丼によそう。そばつゆは脇役《わきやく》にすぎない。この格別の滋味ともったりとしたあたたかさをなつかしんで、冬になれば出雲恋しさに自分でまねてみたりする。

しかし、違うんだなあナニかが。わざわざ出雲のそばを買ってきても、あのとき「出雲そば本舗いいづか」主人、飯塚保男さんがふるまってくださった味には及びもつかない。店を閉じてしまった今では、もう二度と飯塚さんの釜揚げそばに出会えないからだろうか。いいや、決してそれだけではない。出雲のあの一杯は、気候風土そのものであった。出雲の土で育《はぐく》まれたそばの実。地元で培《つちか》われた手仕事のわざ。出雲の水。出雲の空気……おおらかで健康な土地のタマシイが、熱い丼のなかで湯気を立てていた。

ちょっと多めに七味唐辛子を効かせて自分なりの釜揚げそばを味わいながら、土の味、ということを私は考える。

結局のところ、野菜も卵も、肉でさえも、その生命を支える源《みなもと》は土。土の滋養なのだ。しかしながら、肥料や農薬を与えすぎてバランスを崩した土で育てられた野菜や卵や、そんな土から育まれた肥料で成長した動物たちが、本来の健康さを失っていくのは理《ことわり》というものだろう。

土は呼吸している。野菜も鶏も牛も豚も呼吸して生きている。私たちも呼吸している。そして、生きるために食べなければならない。そのすべての生命を預かる土が健康に培われて初めて、いとも当たり前のように自然の連鎖が営まれるのだ。

あれはお盆を過ぎた頃、ただ座っているだけでも汗がにじむ酷暑の昼であった。届いた宅配便の差出人は、出雲・斐伊《ひい》川近くの出西窯《しゅっさいがま》・多々納真《たたのしん》さんである。荷物の中身は、わらで束ねた収穫したての出西生姜《しょうが》であった。多々納さんが教えてくださった。「この生姜は、出西のこの地域しか育たない味なのです。不思議なことに、近隣の土地で育てるとまったく違う味に変わってしまう。いったん生産が廃《すた》れていましたが、近年土地の者が力を合わせて復興に励んでいます」

端正に編まれたわらをほどき、さっそく薄切りにして齧《かじ》りついてみる。絹のように細やかで柔らかな舌触り、繊細で上品な辛み。なるほど、この出雲の土地にあってこそ生み出される生姜の味わいに違いない。その持ち味をゆっくり堪能《たんのう》してみたくて、丁寧に薄く皮をむき、甘酢に漬けこんだ。神無月《かんなづき》には全国から神々が出雲大社に集うそうなので、神様たちは手土産に出西生姜や釜揚げそばの美味をこの土地にお恵みになったとみえる。

土中で育つ生姜こそ、まさに土の味。出西伝統の産物が見事に復元されたことは、つまりその土が変わらぬ健康さを保っているという事実を伝えている。え？「あの京野菜だって、許可さえあれば今やバイオ技術でどこの土地でもつくれることになってます」ですって？　馬鹿《ばか》言っちゃあいけない。売れよ増やせよ、大量生産の錦《にしき》の御《み》旗《はた》を掲げるあまり、土に窒素やカリウムやリン酸などの肥料や農薬をこれでもかと与えて土本来のエネルギーとバランスを失わせてしまったのは、私たち自身ではなかったか。たとえ舌の上にのせられたものが京野菜の風味を忠実に再現していたとしても、それがにんげんのからだの新陳代謝を高めたり、活力を漲《みなぎ》らせたりするものだろうか。もしそうだとしたら、自分たちのからだの能力がそれほどの脆弱《ぜいじゃく》さしか持ち合わせなくなってしまったということだ。いや、決してそうではないと信じたい。だってたとえ工業製品の如《ごと》く栽培された野菜の味わいにすっかり慣れきっていたとしても、土の滋養をじゅんじゅんと吸い上げて成長した野菜をひとくちでも味わったとたん、「わあ、おいしいねえ！」と素直な感嘆の言葉を発することができるのだから。

信じたいことがひとつ、ある。私たちは、自然とともに生きるだけの強靭《きょうじん》な力を与えられている。お日さまのいう通りに育った野菜なら、その能力を開いてくれるはずだ。

さて、寒さに首をすくめる季節には幾度となくわが家の食卓にのぼる野菜の汁がある。ごぼう、さといも、にんじん、れんこん……根菜を何種類か小さく切って、ごま油で炒《いた》めてから生揚げもいっしょに入れて汁に仕立てる。気を遣うことといえば、全部をおなじくらいの大きさに切り揃《そろ》えることくらいだろうか。いや、なんということもない昔ながらの素朴なけんちん汁である。

具だくさんの野菜の汁、けんちん汁はひと椀《わん》を食べ終えればふところに温石《おんじゃく》をひとつ抱いたかのような、腰の据わった味わい深さ。約七百年前、雲水がくず野菜を捨てているのを戒めるために老師がみずからつくってみせたという逸話が残されている通り、けんちん汁はそもそも、鎌倉の禅寺・建長寺の精進料理から生まれた。

ひとつの膳《ぜん》を宇宙に見立て、そこに九つの椀を並べる禅宗の精進料理は、五色五法五味によってつくられる。すなわち、五色は赤青黄白黒。五法は生、煮る、揚げる、蒸す、焼く。五味は辛い、甘い、酸《す》っぱい、塩辛い、苦い。だしも、昆布やしいたけなど植物性のものだけ、素材は野菜や豆、穀物、木の実や乾燥植物、豆腐や海藻に限られる。あらゆる動物性の素材やねぎ、にんにくなどの葷菜《くんさい》は一切御法度《ごはっと》である。

九椀がずらりと並ぶ一膳をいただくと、私は清々《すがすが》しく晴れやかな気持ちに包まれる。五色五法五味によってさまざまに整えられた季節の野菜に箸をつけ、ひとかけら一滴残さずすべて食べ終えたあとの椀の軽さを、しみじみ自分の掌《てのひら》で感じ取る。椀のなかをすべて「無」にすること。これもまた、精進料理の大切な作法である。

寺では、最後に湯を注ぎ、二切れのうちひと切れを残しておいた沢庵《たくあん》で椀の内側をきれいに拭《ぬぐ》い、その湯もすべて飲み干して一膳を終わらせる。悟りを得るための座禅、身体を鍛える日々の作務《さむ》と並んで、食べることそのものもまた大切な修行である。

にんげんは、自然のいのちをいただかなければ生きながらえることはできない。その業《ごう》の深さをしぶとく逆手にとって、自然を生き抜くさまざまないのちのなかに「おいしさ」を見いだす。かけがえのないいのちの価値と意味を「味覚」という能力で新たにとらえ直し、生きるエネルギーに変換することができる。

それは、ひとひとりひとりに授けられた誇らしいいちからである。

▼出西生姜（8月から10月末ごろ）
斐川町特産開発振興会（道の駅湯の川）
島根県簸川郡《ひかわぐん》斐川町大字学頭825-2
電話　0853・73・9327

わたしの調味料

黒七味《くろしちみ》

五感を覚醒《かくせい》させる黒い粉

「黒七味」以前。「黒七味」あと。それは、天と地ほどの違いである。ナニをそんな大袈裟《おおげさ》な、ってあなた、この小袋をいつも隠し持っていなければ、もはや落ち着かないカラダになってしまったのですもの、私は。

初めて「黒七味」を舐《な》めたのはもう十年ほど前のことだ。ある冬の日、イタリア食材の輸入業を営む知人のオフィスで、「ニッポンにもすごいものがあるんですよー」と、小さな缶を大事そうに手渡された。

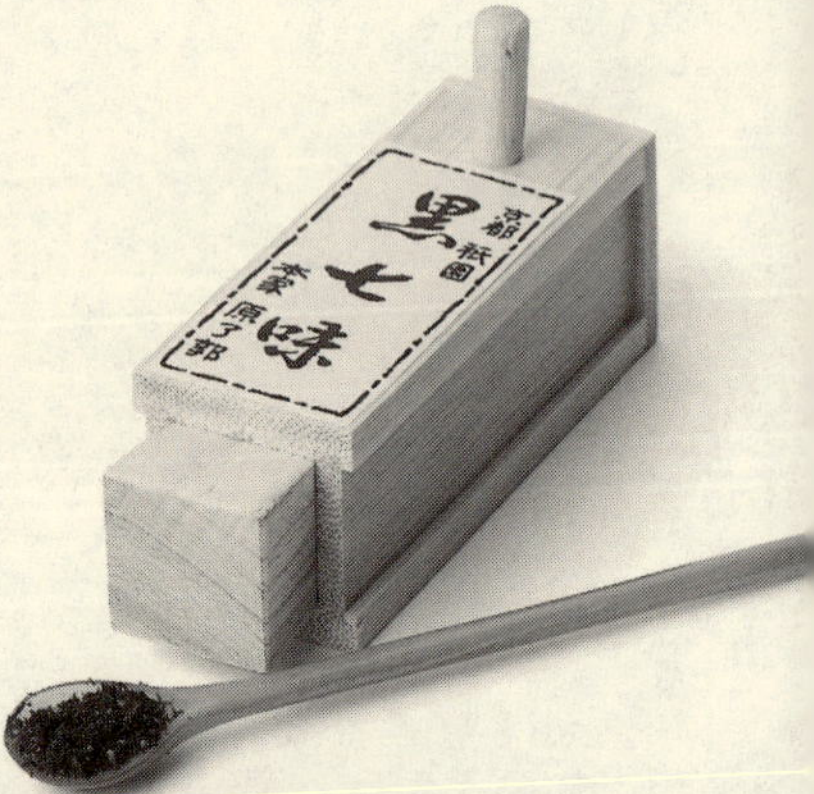

忘れもしないその夜のこと、食卓には水菜と豚肉の鍋《なべ》のあとの雑炊があった。煮えばなの熱々に、「黒七味」を恐る恐るひと振り。と、馥郁《ふくいく》とした香りがすばやく鼻腔《びこう》から忍び込み、広がり、たちまち五感を覚醒させる。舌の上にのせるなり、生まれて初めての体験におののいた。きりりと引き締まった辛さの向こうにふっくら幅広い多彩な味わいが複雑に絡《から》み合い、波状攻撃を仕掛けてくる。五味辛酸鹹《かん》甘苦、そこにはあらゆる味覚の要素が優雅に躍っており、いつもの雑炊はまるで経験したことのない美味を湛《たた》えていたのだった。

ああ世の中は不思議に満ちている。こんな知らない味があったのか！

唐辛子。山椒《さんしょう》。白ごま。ケシの実。麻の実。青海苔。明かしてしまえば拍子抜けするほど、その中身は七味唐辛子のありふれたご常連様ばかり。ところが、その正体の謎《なぞ》は、どうやらこれらを丹念に火入れしてなめらかな粉末状に仕上げる独自の術にある。七味と名乗ってはいても、もはや「七味」に非《あら》ず。冠につけられた「黒」の理由こそ、京都・原了郭《はらりょうかく》十三代に脈々と引き継がれてきた一子相伝の秘技にあり。

京都だけでしか手に入らなかった小袋も、最近では東京のあちこちで買えるようになった。小さな缶入りより、香りも風味も飛ばない竹筒入りや小袋仕立てが私のご贔屓《ひいき》だ。ペペロンチーノにささっ。鍋ものに雑炊に、うどんにパパッ。山椒がわりに味噌汁《みそしる》にも。魔法のひと振りで味わいの奥行きはぐんとふくらむ。その快感たるや、もう。

そんなわけで、私は「黒い粉」の虜《とりこ》です。

元禄十六年創業の老舗が守り続けてきた独自の製法は一子相伝、まさに秘伝中の秘伝である。現在は十三代目ひとりで全製造過程に携わるというから、たじろぐ。竹筒入りは卓上で。小袋入りは情緒には欠けるけれど、一回ずつ使い切れるので香りも逃がさず、そのうえ携帯に便利！　密かに旅先に持参することもあります。▼原了郭　電話075・561・2732

コチュジャン

もち米からつくる本物の熟成の味

「これ、淳昌《スンチャン》のコチュジャンよ」

韓国のひとなら、このひと言でにわかに目の色は変わる。全羅北道の山裾《やますそ》に広がる小さな淳昌村は、いわばコチュジャンの殿堂。その昔、献上されたコチュジャンの美味に王がいたく感動し、以来淳昌村には精魂込めたコチュジャンづくりが伝承され続けている。

なぜそれほどこの小さな山村のコチュジャンが際立《きわだ》つのだろう。そう聞くと、間髪入れず誰もがこう答える。

「水がいい。空気がいい。米がいいまず自然がすばらしいからですよ」

最上をもってなすのは、もち米でつくられる昔ながらのチョプサルコチュジャン。蒸したもち米にコチュ

ジャン用に仕込んだ麹《こうじ》、唐辛子や塩、麦芽糖などを混ぜて瓶に詰め、ときおり丁寧にかき混ぜながらじっくり熟成発酵させる。

素材のよさ。勘どころを働かせる熟練の手わざ。惜しまぬ歳月。それを頑として守り続ける淳昌のコチュジャンが、昔ながらの味わいを今に伝え続けているのは当然のことだろう。

そんなわけだから、実際のところコチュジャンにもいろいろありまして。スーパーの棚でよく見かけるねっとり甘みの強いものは、うるち米をベースに、甘みのために水飴《みずあめ》、とろみのために小麦粉を加えてつくられる即席コチュジャン。甘みとうまみはねっとり強いが、たとえば一度たりとも淳昌村でつくられた伝統の味を、または昔ながらの素朴な味を口にすれば、おいしさの差は舌の上で歴然とする。

「母がこれを持たせてくれました」

日本に来て二年目のスンジャが開けてみせてくれた壺《つぼ》の中身は、なんと手づくりのコチュジャンであった。指にのせて味わってみれば舌にずん、と響く辛さだが、その奥にはなんとも複雑でまろやかなふくらみが広がっていた。なにより、味わいに骨があった。

「もしかしたら、スンジャの出身地は？」

かすかな期待に胸をどきどき高鳴らせる私に、ああ彼女が口にした、その村の名前は……！

淳昌で行われる昔ながらのコチュジャン用の麹づくりは、豆か米に麹カビをつけて天日干し、次にワラにくるみ軒先でじっくり陰干しさせる段階からスタート。この種麹の出来具合がコチュジャンの味を左右する。コチュジャンを仕込んで瓶に入れ、熟成発酵するまで一年近くかかる。だからこそ値段は張るが、伝統の製法から生まれた味は別格の味わい。▼妻家房（四谷店）　電話03・3354・0100

柚子《ゆず》胡椒《ごしょう》

脳天パンチ！　激辛な爽快感《そうかいかん》

地元では、ゆずごしょうと呼ぶ。九州に行くまでは私はずっと、ゆずこしょう、と言っていた。ところが大分の農家でうどんをごちそうになっていたら、おばあちゃんたちが口々に、

「あんた、これ、ゆずごしょう使わんと」

遅まきながら、本来の呼び方を知ったのだった。

柚子胡椒はまだ青い柚子の皮と青唐辛子を塩漬けにしてつくる九州独特の調味料である。その香りのよさといったら、ない。柚子のシトラスの香り、青唐辛子の軽やかさ。鼻から胸の奥に抜けるような特別の爽快感！

けれども、こやつはとんでもない一発大逆転を隠し持っている。香りのすばらしさに魅《ひ》かれて思わずぺろりと舐めた日には！　とたんに髪の毛は逆立ち、目には涙がにじむ。

初めて雑炊の薬味として口にしたのはもう十数年も前だが、知らずに量を間違えた私は雷に打たれ、全身に汗が噴き出た。

ほんのちょこっと、耳かき一杯ほど。雑炊もうどんも味噌汁も、このくらいでちょうどいい。しかし、そんなぽっちりでも、入れると入れないとでは天と地ほどもおいしさは違う。なかでも一度知ったら中毒になるのは、そうめんの薬味だ。つつつ、と麺《めん》を啜《すす》れば口のなかに緑の疾風が吹く。柚子と青唐辛子が熟成して生み出すキレのよいあと味には、もうやみつきだ。

中国の豆板醬《トウバンジャン》。タイのナムプリックパオ。韓国のコチュジャン。アジアには唐辛子を使ったさまざまな複合辛味調味料があるが、ほら、わがニッポンにもじつは柚子胡椒という超弩級《どきゅう》の逸品がありますよ！　アジア中を駆け回って大宣伝したい気持ちである。それなのに、熊本や大分のおばあちゃんたちは涼しい顔をしている。

「うちは青いのを毎夏、一年分つくって寝かせとくんよ。いくらでもあるわ、ひと瓶持っていかんね」

去年、唐津の漁港で分けてもらった柚子胡椒も、ちびちび後生大事に使っている。今年、唐津の陶芸家、中里隆さんが送って下さったできたての味わいは、感動的なみずみずしさ。どれも少しずつ辛味や塩気が違い、ひとりひとり丹精した手仕事の味わいがするところに、またいっそうの愛をかきたてられる。

地元在住の婦人十数人が手塩にかけてつくる柚子胡椒は、青と赤の二種類。青は六〜九月に収穫する未熟な青柚子と青唐辛子、塩でつくる。一方、赤には十一月あたりから収穫する完熟した黄柚子と赤唐辛子、塩が使われる。いずれもさわやかな辛みが特徴で、四十グラム各三百四十七円。小瓶を求め、毎年新ものが出回る時期をねらって買うのも「通」な買い方。

▼農事組合法人　下村婦人会市房漬加工組合　電話0966・43・3827

黒七味

黒七味のスパゲッティ

ぴしりときいた辛さのなかにこくがあるオトナの味。夜食にもおすすめ。くせになります。

●材料（２人分）　フェデリーニなど細めのスパゲッティ２人分　イタリアンパセリ５本　黒七味小さじ1/4～　レモンかすだちなど柑橘類、オリーブオイル・塩各適宜

●つくりかた　①スパゲッティをアルデンテにゆでる。②よく湯を切り、ボウルに入れて黒七味、オリーブオイル、塩を加えて手早く混ぜる。③うつわに盛り、ざく切りにしたイタリアンパセリをのせ、柑橘類をしぼる。

醬油・みりん・紹興酒

牛すね肉、青唐辛子、にんにくの醬油煮

嚙むほど、じわりと味がにじみ出る。
20年つくり続けている定番料理はおもてなしにも酒肴にも。
●材料（4～5人分）　牛すね肉（ブロック）600～700ｇ　にんにく5片　青唐辛子7～8本　醬油 2/3カップ　みりん1/2カップ　紹興酒1カップ
●つくりかた ①小さな鍋に牛肉と調味料を入れ、火にかける。②おとしぶたをして20分ほど煮る。③青唐辛子とにんにくを入れ、さらに20分ほど煮る。④肉に火が通ったら鍋ごとそのまま冷ます。食べやすい大きさに切る。

ごま油

キャベツと海苔の和えもの

「えっ」と驚くほど海苔をいっぱい入れるのが、おいしさの秘密。
ぱりぱり手でちぎってさっと和えれば、キャベツの甘みもしゃきっと引き立つ。
●材料（2〜3人分）　キャベツ5〜6枚　海苔（全型）5枚　ごま油・塩各適宜
●つくりかた　①キャベツは食べやすい大きさにちぎり、熱湯でさっとゆで、水気を絞る。②ボウルにキャベツ、ごま油、塩を加えて混ぜる。③食べる直前に海苔をちぎり、ひと混ぜする。

コチュジャン

じゃがいもの甘辛

コチュジャンは煮ものにも絶好の調味料。
こっくり味がしみて、ごはんのおかずにぴったり。

●材料（2～3人分） じゃがいも（男爵）4個 A【コチュジャン大さじ2 醤油大さじ1 みりん大さじ1 1/2 酒大さじ1 砂糖小さじ2】白すりごま大さじ2/3 ごま油大さじ1/2 水1/2カップ～ 万能ねぎ（小口切り）5本分

●つくりかた ①じゃがいもは6分割の乱切りにし、面取りする。②厚手の鍋にごま油を入れて熱し、じゃがいもを入れて炒める。③Aを半量入れて全体にからめ、1/2カップ目安の水を加えて弱めの中火で煮こむ。④途中で残り半量のAを加え、焦げないよう注意しながらふたをして煮る。⑤じゃがいもに火が通ったら白すりごまを加えてさっくり混ぜ、うつわに盛って万能ねぎを散らす。

みりん

しょうがごはん

さわやかな香りが食欲を刺激する。
からだがほかほかあたたまる傑作炊きこみごはん！
●材料（４人分）　米２ 1/2カップ　しょうが（薄切り）7～８枚　油揚げ１枚　みりん大さじ１　塩小さじ1/3　水適量
●つくりかた　①米を洗い、ざるに上げて15分ほど置く。②しょうがと油揚げは２～３ミリ角のあられ切りにする。③鍋に全部の材料を入れ、ふつうの分量の水を加えて炊く。

味噌

みょうがの味噌焼き

酒の肴に絶佳。香ばしい味噌の香り、
みょうがのほろ苦さ、オトナになってよかったな。
●材料（２人分） みょうが３～４本 味噌大さじ３ 醤油小さじ1/3 みりん小さじ１ 砂糖小さじ1/2 七味少々 白すりごま小さじ１
●つくりかた ①調味料と白すりごまを混ぜる。②みょうがをたて半分に切り、断面に①を塗り、グリルでこんがり焼く。

塩

味の違いで味覚レッスン

塩をおかずにごはんを食べるともうあと戻りできません、などと聞いたふうなセリフを吐くつもりはないけれど。しかし実際のところ、塩の味わいの複雑さ、多様さをいったん実感してしまえば、他の調味料はひよっこ同然かもしれない……とつぶやいてしまいそうになる。

塩は、何種類持っていますか。

私は……と数えてみると、あるわあるわ棚のなかにごっそり。

フランスの、ハワイの、沖縄の、赤穂《あこう》の。そして、旅に出れば必ず買ってくる各地のもの。目下、大のお気に入りはバンコクで手に入れた塩である。複雑な甘みと幅広いコクがあり、スープに入れればぐーんと味がハネ上がる。グレイがかった韓国の粗塩は、石焼きピビムパプを食べに旅した折り、全州の塩辛屋さんで譲ってもらった。そして最近の大ヒットといえば、晩秋の奥能登《おくのと》で見つけた江戸時代から続く揚げ浜式でつくる「能登のはま塩」。この塩を掌《てのひら》にまぶして塩おにぎりを結ぶと、あらまあ仰天のおいしさだ。舌の上で、ごはんの甘さがきゅーんと突出する。そして、塩自体に甘みも苦みも、かすかなえぐみも、つまりミネラルがぎゅうっと凝縮されている。

そんな具合に塩ひとつひとつに発見があるものだから、はっと気づくと数は増えるばかり。そして、料理によって自在にぴたりと使い分けがはまれば、自ら拍手パチパチ小踊りして喜ぶ。

オリーブオイルでカリッと焼いただけの野菜には、うつわに盛ってからパラパラと沖縄の「粟國《あぐに》の塩」をふる。薪《まき》を燃やし、煮詰めてから何日も自然乾燥させたこの塩に出会って、魅惑の塩ワールドに足を踏み入れてしまった人は多いだろう。野菜の甘みと塩の甘みが舌の上で交差するその瞬間、味覚の深遠さにも啞然《あぜん》とする思い。勢いで勝負したい炒《いた》めものには、中国・福建省のしっかりと辛味のあるもの。フランス・

ブルターニュ、ゲランド産の塩田で生まれた塩は、根菜の煮物も漬け物もしっくりくるからおもしろい。

挙げればきりがない。岩塩、海洋深層水の塩、藻塩、竹塩……いろんな塩の味に出会ううち、はっと気づくと、自分の味覚の根本がいつのまにか鋭敏に研ぎ澄まされていくことを知るに違いない。

舌にのせると塩味の奥にまろやかなうまみと天然自然の雑味がたっぷり。潮汲みから天日乾燥、釜炊きにいたる工程のすべてを、江戸時代から変わらぬ伝統の道具と人力のみでおこなっている。▼「能登のはま塩」角花豊　電話0768・87・2857

ミネラル含有率一五%はすごい！　一週間かけて太陽と風で水分を蒸発させて鹹水（かんすい）をつくり、平釜を薪にかけて煮詰め、さらにニガリを抜いてからふるって数日熟成させる。沖縄本島那覇の北西に浮かぶ粟國島で生産される。五百グラム千二百円。▼「粟國の塩」㈱沖縄海塩研究所　電話098・871・4321

ぴりっと引き締まったなかに潜む雑味が魅力。塩の名産地フランス・ブルターニュでも、ことに品質を誇るゲランド地方のもの。海水を太陽と風で結晶させ、すくいあげてつくられる。一キログラム六百七十円。▼「セル・ド・ゲランド　グロ　セルマリン」販売　㈱ナック　電話027・235・3088

醬油《しょうゆ》

うちの台所のお父ちゃん

醬油はムズカシイ。四分の一世紀分毎日毎日朝ごはんつくって、娘のお弁当つくって、晩ごはんつくり続けて、ようやく最近、そうか醬油ってこういうふうに使えばいいのかなー、と実感できるようになった。

たとえばここに一本の醬油がある。冷奴《ひややっこ》にたらーっと回しかけるとき。筑前煮《ちくぜんに》をつくるとき。お浸しに数滴ちょろりと潜ませるとき。同じ醬油なのに味の表れ方はまったく違う。

調味料、素材、加えるタイミング……状況が違えば、すべてバランスも違ってくる。

ある日を境に、ようようそのことに気がついた。「これ、うまみが絶品なんですー」

と鳴り物入りでいただいた醬油を、台所でさっそくひと舐め！「うまいっ」。ところが……。

勇んで根菜の煮物に使って「あれ？」。いつもの素朴なえぐみや苦みの微妙さが消し飛んでいた。ほうれんそうのお浸しにたらしてみれば、醬油のうまみがまっ先に舌の上で派手な踊りを舞うばかり。

こりゃ、違うんだな。私はわが醬油ジンセイの道程で、初めて膝《ひざ》を叩《たた》いた。醬油はそれ自身を味わうものじゃない。舐めておいしければ、それでいいというわけではありません。むしろ後ろに回って香りを添え、味わいを後ろからぐいと支えてくれる塩梅《あんばい》がちょうどいい。そんな頼り甲斐《がい》のあるお父ちゃんみたいな醬油と連れ添いたいな……恥ずかしながら、ようやくそんなことがわかるオトナになりました。

「醬油味」の、その次の扉を開いてみたい。濃口。薄口。たまり。白醬油。刺身醬油。大きく分ければ日本の醬油はこれらのいずれかに入る。はて、ふだん使いの一本をどれにするか。買っては試し、買っては試し。日本全国醬油の旅を延々繰り返したのち、私はとりあえず濃口一本、薄口一本に落ち着いた。

埼玉「はつかりしょうゆ」と京都「マルサワ淡口《うすくち》醬油」。どちらも素材の持ち味を壊さず、邪魔せず、それでいてきちんと丁寧に仕込まれた清澄《せいちょう》な味わいを醸《かも》し出す。

このふたりのお父ちゃんが、私の台所の御大だ。
「いいや、うちはコレ」。全国一軒一軒、お気に入りの醬油というのがあるだろう。それも当然。生まれた土地も、育った味覚も環境も、好みも家族構成もすべて違うのだから。とにもかくにも「私はこの二本!」。そこさえ不動ならば、雨の日も風の日も台所の屋台骨は安泰である。

小江戸・川越、古い町屋が軒を並べる仲町界隈。明治二十二年、初代松本新次郎が製造を始めた伝統の仕込蔵でつくられる。天然醸造法により、木桶で約二年自然発酵して熟成される味わいは深いコクに満ちており、これ一本! の頼り甲斐。一リットル六百六十円と手ごろな値段もうれしい。▼「はつかりしょうゆ」松本醬油商店　電話049・222・0432

この淡口があれば、えへん、お吸い物の出来は料理屋並み! プロの料理人もこれでなくちゃ、と白羽の矢をたてる逸品。創業明治十二年、京の地で営々とおいしさにこだわり続ける。一リットル五百四十六円。▼「マルサワ淡口醬油」㈱澤井醬油本店　電話075・441・2204

オリーブオイル

黄金の雫《しずく》は究極のソースにもなる

たらーり濃い緑の雫をひとたらし。すると、皿の上のチーズも切りっぱなしのトマトにも、とたんに勢いのよい芳香が渦巻く。

「これは究極の『ソース』だ！」

そう叫んだのは、来る日も来る日もトスカーナのオリーブ農場を巡り歩き始めてすぐのことだった。ぷっくりふくらんだ大つぶの実を何種類か混ぜて圧搾《あっさく》し、余分な水分を飛ばして分離させる。この目で見たエクストラバージン・オリーブオイル誕生の瞬間の様子は、気が抜けるほどシンプルだった。けれども、搾《しぼ》るのは摘み取ってから二十四時間以内。一キログラムの実からとれるのはたった百数十グラム。一滴の混じりっけもない、それはオリーブの実がもたらす極上の濃厚なジュース。そうやって生まれたエクストラバージンだからこそ、食卓の上で極上の「ソース」にもなり得るのだった。

霧の濃いトスカーナの晩秋。細い管からとろとろ流れ出てくる搾りたての雫を指先で受け、全身の神経を緊張させてゆっくりと唇をつけた。緑の香り、ぴりりと舌を刺す辛みや苦みの刺激に圧倒される、たった今搾ったばかりの味わいというものは、これほどまでに鮮烈なのか。その衝撃を、私は味覚に刻みこんだ。

そんな忘れられない衝撃を鮮やかに蘇《よみがえ》らせてくれるひとつに、ボナコッシ伯爵《はくしやく》家がつくるトスカーナ・カペッツァーナ村の「カペッツァーナ」がある。手摘みしたオリーブを摩擦熱を与えないように圧搾、オイルを百年前から伝わるテラコッタのかめに入れて十日間、ゆっくりと成分を沈殿させてつくったとびきりの味だ。

年が明けると間もなく、昨年秋の終わりに収穫したばかりの一番搾りの初荷がカペッツァーナから届く。日本中あちこちの台所で、胸躍らせながらさっそくひとさじスプーンに注いで味見しているかと思えば、なんとも楽しい。瓶を手に取れば、おじい

ちゃんが一番搾りをよっこらしょ、と瓶詰めしている様子が瞼《まぶた》に浮かぶ。きっと村の食卓でも、あったかい皿の上に仕上げのひとたらし……そんな風景を思い描きながら味わう今夜の豆腐もサラダも、もちろんスパゲッティも、とびきりおいしい。

肥沃な風土に恵まれ、九世紀からオリーブオイルとワインをつくってきた北トスカーナ。搾りたてのこれは、独特のピリッとした辛味と果実のような風味をもつ逸品。五百ミリリットル三千七百八十円。▼「カペッツァーナ　オリオ・ヌオボ」　ラ・クチネッタ　電話03・5469・5300

シチリアに十七世紀から続くラヴィダ農園で育ったオリーブを手摘みし、八時間以内にコールドプレス。濾過（ろか）せずナチュラルな風味を生かしたすばらしさは、数々の受賞歴が物語る。フルーティで微妙な甘みを持ち、魚介類と最高の相性。五百ミリリットル三千三百円。▼「ラヴィダ」㈲ミレニアムマーケティング　電話03・5327・0630

バルサミコ酢

公爵の領土から羽ばたいた高貴な酢

インタビューに訪れた某新聞の家庭部の記者が、開口一番こう言った。

「日本の家庭で持て余している二大調味料は、ナムプラーとバルサミコ酢のようです」

むうう。どっちも私にとっては二大お宝調味料ではないか。さあ私の張り切るまいことか。口角泡を飛ばし、その優れた使い勝手について熱弁を振るった。

そもそもバルサミコ酢（アチェート・バルサミコ）は北イタリア・エミリア・ロマーニャ州のモデナ、またはレッジョ・エミリアでのみつくられる伝統的な酢で、モデナ周辺で収穫される甘みの強い白ぶどう、トレビアーノ種が使われる。かつて当地の上流階級だけで継承されてきたこの特別な酢が、その類《たぐ》いまれな香気によって次第に世界中を魅了していったのも当然のことだろう。

艶《つや》やかに輝く深い黒褐色。角張ったところの一切ないまろやかな酸味。鼻腔《びこう》をくすぐるあでやかな香り……ひとくち舐《な》めてみればすぐわかる。すべては熟成の厚みを帯びており、それもそのはず、バルサミコ酢は独自の伝統的製法が守られている。搾った濃縮液は木の樽《たる》に入れて熟成保存されるが、このとき使われるのは樫《かし》、栗《くり》、桜、トネリコ、桑……五〜七種類の樽に一年ごと順ぐりに移し替え、自然に水分を蒸発させ、凝縮しながらじっくり歳月を重ねて香気を開かせていく。

だからこそ、その味わいには寸分も隙《すき》がない。北イタリアの公爵の領土から羽ばたいた秘伝の調味料は、その出自にふさわしく常に毅然《きぜん》とした美味を崩さない。しかし、だからといって棚の奥に追いやり不遇をかこわせていては、残酷というもの。イタリアで生まれたこの名調味料を使いこなしてこそ、料理の腕も上がるのだから。

バルサミコ酢の最大の魅力は、たったひとたらしでぐーんと味に陰影が生まれるところ。酸味だけではない。香りにもおいしさにも、ふっくら奥行きが備わる。

ドレッシングにはもちろん、私はソテーにもしじゅう使う。ことに、なすやズッキーニとの相性は抜群。また、豚肉のソテーをさっぱり仕上げたいとき、最後にバルサミコ酢を振りかければ、香り高い風味がいっしょに豚肉を包み込む。ラタトゥイユなど野菜の煮込みにも、隠し味にスプーン一杯。とたんに野菜それぞれの持ち味がくっきり際立《きわだ》つ。

ただし、きちんとつくられた本物のバルサミコ酢をこそ、手に取ろう。カラメルで風味をつけた不届き者もあちこちに跋扈《ばっこ》しております。

現在九代目を継承する当主ジュゼッペ・ジュスティ氏が、創業一六〇五年以来の品質を守り続ける。熟成させる蔵は、ロマーニャ州モデナに現存する最古のもの。その香気は気品の高さにあふれ、追随を許さない。黒ラベル（八年もの）二千六百二十五円、そのほかに金ラベル（六年もの）千五百七十五円や赤ラベル（十二年もの）六千九十円がある。各二百五十ミリリットル。▼稲垣商店　電話03・3462・6676

ごま油

韓国式ごま油の賢い使い分け

本当を言うと、ごま油の使いこなし法は韓国のおばちゃんに教わった。台所に二種類のごま油が立っているので、「どうして？」と聞いたら、おばちゃんは「あんた、そんなことに今頃気づいたわけ？」と苦笑したものだ。

「香りのよい質のいいほうは、ええとつまり値段の高いほうだけどね、こっちはナムルやスープの仕上げなんかに。値の安いこっちの缶入りは炒めものや揚げものとか、惜しげなくじゃぶじゃぶ使うわけよ」

料理上手のそのヨンスクおばさんは、ここぞ！　という日には必ず、黄金に輝く極上の〝値段の高いほう〟を垂らすのだった。

繊細なおいしさを大事にしたい素材には、ふうわり優しい風味のごま油を。唐辛子やにんにく、味噌《みそ》など個性の強い素材には、煎《い》りの深いコクのある風味を。その「韓国式」はここ十年来、私の台所の鉄則となった。

その結果、私の台所の棚には香りや風味の異なる数本が勢揃《せいぞろ》い。種類の多さがウリの「九鬼産業」のなかから、香りも風味もコクもバランスのよい「ヤマシチ」。スープの仕上げのひとたらしも、微妙である。にんにくやタカノツメでパンチを出した豆腐のスープには、コクのある「山田製油」の「へんこ手絞り」。卵と豆腐のあっさりスープには、まろやかさが際立つ「竹本油脂」の「太白胡麻油《たいはくごま》」。料理の味わいに、ごま油の持ち味をぴたりと合わせる微妙なバランスゲームがおもしろい。

さて、ある昼のこと、知人のうちの食卓で、「うちではいつも、これを味噌汁にかけるのが習慣で」と示された瓶がある。それが、透明なごま油「竹本油脂」の「太白

胡麻油」だ。ごま油は高温で深く煎れば煎るほど、色が濃く味わいも濃厚。ところが、ごくごく低温で煎って搾れば、じつにあっさり、透明に仕上がる。「味噌汁にごま油」は、健康によい胡麻の利点を上手に暮らしに取り入れようという彼の知恵なのだった。

ひとクセあるヤツも、ないヤツも。使い分けの妙味を知って巧みに操れば、ごま油は味わいにずーんと深みを与えてくれます。

圧搾したごまを自然に沈殿させ、和紙で濾過させる。ごまの香りが際立つ濃厚な濃口は料理の風味を際立たせてくれる。ナムルには、これ。「九鬼純正胡麻油こいくち」五百二十五円。「九鬼ヤマシチ純正胡麻油」六百九円（いずれも三百四十グラム）▼九鬼産業㈱　電話０１２０・５０・１１５８

無農薬栽培のごまだけを使い、金や茶、白など必要に応じてブレンドしながら焙煎（ばいせん）。仕上げにかけるときに使っている。百四十グラム四百二十円。▼「へんこ手絞りごま油」㈱山田製油　電話０１２０・５０８・０４５

生のごまをそのまま擂（す）って搾る。繊細な淡い風味と香りがほしいときに。四百五十グラム七百八十八円。▼「太白胡麻油」竹本油脂㈱　電話０１２０・７７・１１５０

ナムプラー

だしの働きも担《にな》うアジアのエース

まさかナムプラーが日本のスーパーの棚に並ぶ日がこようとは夢にも思いませんでした。十数年前、ベトナムの南、ニャチャンの海辺の村で一番搾りの大樽を見上げたときには。

三代続くというその小さなナムプラー工場は、あたかも芳《こうば》しさに包まれた香りのドームであった。新鮮な魚と質のいい塩を選んで丁寧につくられたナムプラー、ことに一番搾りの香りの軽やかさ、透明感は鼻腔《びこう》をすーっと気持ちよく通り、食欲をかき鳴らす。

タイではナムプラー。ベトナムではヌクマム。どちらも同じものだ。小さなイワシのような魚を塩漬け、発酵させたこの魚醤《ぎょしょう》はインドシナ半島の国々ではもちろん、じつは中国では魚露《ユイルー》、韓国ではミョルチエクチョと呼ばれて大いに使われている。

これ一本あれば、と私はこのかた十数年、さながら「ナムプラー伝道師」を認じてきた。説教の始まりはいつも同じだ。「なに、醬油と同じだと思えばいいんです」。けれども、その実力はじつのところ醬油の上をゆく。ナムプラーは、火にかければさらに香ばしさが増す。煮込めば、風味にコクとうまみがぐんぐん増し、ふくよかな変化が生まれ、だしの働きも兼ねる。そこが並みの調味料とは出来の違うところだ、と私はかぶとを脱ぐ。

いつだったか、こんなことがあった。近所の小学生たちがわが家にどどど、と集まった日曜の昼ごはん、説明なんかちっともせずにナムプラー風味の炒飯《チャーハン》をどっさりつくった。ふんわりナムプラーの香りが漂うなか、スプーンを止めてサッカー小僧が叫んだものだ。「ねえこの炒飯、どうしてこんなにおいしいの?」。

そんなわけだから、駅前のスーパーの棚にだってナムプラーが並ぶようになったのは当たり前の成りゆきかもしれない。「ナムプラー伝道師」はさらなる腕をまくり、ますます伝道に忙しい。

「ことに豚肉にぴったりです。もやし炒《いた》めやキャベツ炒めとか、うんとシンプルな炒めものに使ってみると醬油との違いがすぐにわかります。スープに注げば、だしいらず。塩味とコクがあるから塩分も控えられます。それからそれから……」

天秤マークが目印。長年愛用し続けている信頼の一品。ナムプラーの質はピンからキリまで。香りも風味もよい一番搾りのうち、鼻腔をくすぐるような芳しい香りを選び出すべし。ただし、開封したら早めに使い切ること。長く置くと、次第に塩分濃度が上がり、風味にも影響が出る。二百ミリリットル三百十五円。▼「トラ・チャン」ナムプラー　アライドコーポレーション　電話045・232・1717

ウスターソース

文明開化の味に胸きゅん

月に一度は国外へ旅に出る暮らしをしているというのに、ソースの香りにいまだ「外国の香り」を感じて、ほのかにときめく。つつーっと濃茶のソースをたらせば、メンチカツもコロッケもせん切りキャベツも、とたんに格別のありがたみが増すのは、私だけだろうか。

そんな思いが拭《ぬぐ》えないのは、きっとニッポン人のDNAのなかに「ソースへの憧《しょう》憬《けい》」が深く根を下ろしているからだ。

ソースが日本に登場したのは明治維新ののち。初めて国産ソースをつくった人物は、明治初期イギリスに渡って製造研究に励んだ濱口儀《はまぐちぎ》兵衛《へえ》といわれる。当時、ソースは「西洋醬油《しょうゆ》」と呼ばれたのだそうな。そして、明治三十三年、輸入品と自家製ソース

をブレンドした製品が神戸にお目見えする。これが日本独自のソース誕生のきっかけをつくったのだった。

——もしソースが日本で生まれていなかったら、はたしてあれほどまでに洋食が大ブレイクしただろうか。当時、阪急デパートでは、「お客がテーブルに置いてあるソースをライスにびしょびしょ振りかけ、それだけで食事をすませるから困る」と頭を抱えていた。そこへ創業者・小林一三《いちぞう》が「メニューに『ソースライス』を加えてはどうか」と助言。これが大ブームになったという逸話が残されている。その後現れたとんかつソースは、じつは第二次世界大戦で輸入食材が入手困難になり、にわかに製造しにくくなったウスターソースの代替え品である。

ちょっと甘くて辛くて、酸《す》っぱくて。まったり複雑に絡《から》み合ったスパイスの風味は、じっくり時間をかけて熟成させなければ生まれない。そのうえ、自分でソースをつくろうと思えば、これは至難の業だ。数々のスパイス、砂糖、ビネガー、塩。そして野菜を煮込んだスープ……じつにたくさんの素材が絡み合い、歳月がもたらした微妙なバランスのうえに成立している。じっくりじっくり。時間を味方につけなければ、金輪際おいしいソースは出来上がらない。

子どもの頃、こっそり指につけてソースを舐《な》めたときの、あのどきどき! 今でもコロッケを頬ばるたび、きつね色に輝くさくさくの衣にじゅっわーっとソースがしみこむ、その瞬間を息を詰めて見つめる。

オーガニック野菜だけを使用し、水を一滴も使わない濃縮製法でつくられた安心のソース。たっぷりうまみを持ちつつ、さらりとナチュラルなおいしさがコロッケにベストマッチ。
▼「オーガニックカントリーハーヴェスト」には中濃ソース、ウスターソース、とんかつソースなどいろいろな種類がある。タカハシソース　電話0120・24・1641
一八三七年発売以来、時代の微妙な味覚を取り入れて味を改良させつつ、イギリスでシェア九七％のトップブランド道を行く。きりりと締まったスパイシーな味は、やっぱり特別。
▼「ウスターソース」リー＆ペリン　明治屋（京橋ストア）電話03・3271・1134

みりん

ふくよかな甘み。これはもち米のリキュールだ！

うなぎ。そば。天丼《てんどん》……ごくりと喉《のど》がなるわが日本の心の味は、思えばみりんがなくては生まれ得なかった。

そのことを心底思い知らせてくれた一本のみりんがある。

あれは八百屋の店先にぷっくりまあるい梅が並び始めた時分。玄関で受け取った小包を開けると、おやまあ！　瓶をくるんだ白い和紙に堂々「日本一　最上白味醂《みりん》」。千葉県佐原に旅をしたイノウエさんが送ってくださったものだ。「日本一」「最上」「白味醂」の文字に鼓動はぐんぐん高鳴るばかり、とるものもとりあえず、きゅっと栓をひねる。

ああ、なんていい香り。舌にのせればふくよかな甘さがふくらみ、とろりと余韻を

残す。まるでもち米のリキュールだ！　ひとり言をつぶやいたとたん、私は江戸時代にトリップしていた。当時みりんは「美酬酒」と呼ばれ、酒の飲めない者や女性たちが愛飲していたという。舌の上を玉のように転がる甘露の美味はいかばかりであったか。

添えられた説明書きに目を通すと、醸造元「馬場本店」は、江戸後期から続く製法を守ってきた希少な一軒。そもそも佐原は、江戸期には日本最大の川港として賑《にぎ》わい、物資の集散地であった。「佐原名物お酒に醬油、味醂に奈良漬島の瓜《うり》」などと唄《うた》われた通り、醸造業で鳴らした土地柄である。ちっとも知らなかったなあ。不勉強でした。殊勝な気持ちに後押しされ、そして私はそのままそばつゆづくりに突入した。

醬油1、みりん1、だし3。めんつゆづくりの黄金比率である。丁寧に一番だしを引き、埼玉「はつかりしょうゆ」と佐原「最上白味醂」。

粗熱がとれるのを待つのももどかしく、いそいそ味見をして二度驚いた。これ、これ！　この味ですよ。厚みのあるコクと甘さがずしりと味覚に訴えかけてくる。醬油の香り、だしのうまみをみりんのまろやかさが束ねている。

うなぎもそばも天丼も、だからこそ江戸の味。ニッポンの心の味。本物の味。私はもしかしたらその瞬間、ようやくみりんのチカラを理解したのかもしれない。

佐原を旅したイノウエさん、ありがとう。

毎年十一月から翌年三月末まで手作業で仕込みを行う。地元佐原で有機栽培されたもち米を蒸し、米麴と米焼酎を混ぜて約五十五日熟成させる。こっくりとした独特の甘さを生み出すのは、熟成中のタンクを炭火で保温するため。江戸期から守られてきた製法である。▼「最上白味醂」馬場本店　電話0478・52・2227

もち米と米麴、高濃度の米焼酎だけでつくられる三州三河のみりんも長年愛用の一本。創業明治四十三年、愛知県碧南市で三代にわたり製造されている。▼「三州三河みりん」角谷文治郎商店　電話0566・41・0748

味噌

日本の気候風土が育《はぐく》む土地の味

大分・安心院《あじむ》の農家を一年ぶりに訪れた。

「できとるんよ！　あんたがつくった味噌」

あんたがつくった、と迎えてくださるところがおばあちゃんの優しさで、じつのところ私が手伝ったのは柔らかく煮た大豆をつぶすところ、そこに米麴《こめこうじ》を混ぜて樽に仕込むところまでだった。ところが再びここを訪れるまでの一年の間に、大豆は米麴の力を得て樽のなかで熟成を重ね、立派な味噌に育っていた。

「ええっ、あれまあ！」。感嘆して、もうひとくち。熱い味噌汁を啜《すす》ると、思いもかけぬ風味のよさ、香り高さ。わが「手前味噌」の味わいに相好を崩す。

なるほど、と私は納得する。味噌は日本全国に数百もの種類がある。どれもこれも、それぞれに地元の気候風土に育てられ慈《いつく》しまれてきた味わい。土地の個性、水質、嗜《し》好《こう》、製法などに紡《つむ》がれて初めて、さまざまな味噌が生まれるのだ。

だからこそ、つくり手が百人いれば百通りの味。味噌の味わいの多様性は、塩や醬油どころの話ではない。関東以北の仙台味噌、秋田味噌、越後《えちご》味噌は濃い色合いの辛口。信州や北陸の味噌は、薄い色の辛口。近畿《きんき》地方は西京味噌。瀬戸内では白味噌。九州なら甘口の麦味噌……そのうえできた味わいはどれもこれも微妙に異なるのだから、味噌の味較《くら》べなど始めてしまったらこの短い人生、あっというまに終わってしまいます。

はて、どうしたものか。試行錯誤の果て、私は苦肉の策をひねり出した。大きめの保存容器に東北組と中部北陸組を一種類ずつぴっちり詰める。一応の仕切り板は昆布。

その日の気分にまかせて勝手気ままに一種類だけ使ったりブレンドしたり。その割合も気の向くまま。甘い玉ねぎの味噌汁なら辛めの東北組を多めに。何種類かの野菜をふんだんに入れた味噌汁なら、中部北陸組のまろやかさに応援してもらう、といった具合。冬になればこっくりした西京味噌がときおり恋しいし、しじみの味噌汁や田楽には愛知の豆味噌が欲しくなる。

味噌とがっぷり四つに組んで、全国味較べ行脚《あんぎゃ》などしてみたい。しかし、味噌のでんとした鷹揚《おうよう》な腰の据わりように横綱の貫禄《かんろく》を感じて、取組前に「負けました」と降参してしまいたい気分になるのはどうしてかしら。

濃厚なうまみを持つ八丁味噌は田楽や味噌汁に。有機栽培の大豆と沖縄産の塩を使い、じっくり三年熟成させたもの。五百グラム千五十円。▼「有機八丁味噌」カクキュー八丁味噌　電話0120・238・319

毎日の味噌汁にも大活躍。きりっと引き締まった風味のよさは、その名前のごとく寒さの厳しい朝に仕込んだ賜物。特別契約栽培の大豆「白眉」使用。五百グラム千二百六十円▼「大寒仕込み山吹味噌」信州味噌㈱　電話0120・130・143

こっくりとした甘さを持ち、からだをあたためてくれる白味噌は、冬場の愛用品。天然醸造で仕込むこの白味噌は、多くの料理人から支持を得る京都の逸品でもある。「草喰なかひがし」中東久雄さんに教えていただいた。▼「特醸白みそ」しま村　電話075・231・2581

砂糖

雑味のもたらす陰影を知る

「砂糖など使いません、私たちは」

料理が甘いなんて考えられませんからね、とフランス人のシェフはふふんと鼻で笑うのだった。そうかもしれない、和食を「甘い料理」と言い捨ててしまえば——。

しかし、と私は考える。砂糖はもちろん甘い調味料です。けれども本当は、それだけではない。砂糖の味わいのなかには本来、ぐーっと味蕾《みらい》の襞《ひだ》に分け入ってくるようなコクが潜んでいる。おや、と構えてしまうような苦み。渋み。えぐみ。かすかな塩味だって顔をのぞかせる。

ただし、そんな複雑な陰影を体験するためには、条件がひとつある。「雑味」のある砂糖を選ばなくてはならない。

そもそも砂糖は、白ければもうそれだけで「腐ってもタイ」なのだった。戦争中の物品統制下、配給制となった貴重品のなごりがそのまま幅を利《き》かせてきたのですね。不純物とみなされた有機物や無機物を完全に取り除いた分蜜糖《ぶんみつとう》、たとえば上白糖やグラニュー糖などが「純度の高い」上等な砂糖とされてきた。しかし、〝白ければありがたや〟の時代はそろそろおしまいにしていいのではないか。精製度を控え、「雑味」を残した色の濃い含蜜糖を一度でも舐めてごらんなさい、甘みの世界の深さに仰天するはずだ。

とはいうものの、「じゃあミネラルたっぷりの沖縄産の黒砂糖あたりがベストなんですね?」と言われれば、これがそうとばかりとも言い切れない。

濃厚な黒砂糖を、たとえば野菜の煮物や汁ものに使ったとしよう。すると、素材の淡く微妙な甘さは無惨《むざん》にも踏みにじられる。コクの強い甘みが前へ出すぎて、甘さが暴君に変身してしまう。その一方、豚のスペアリブを醤油と焼酎《しょうちゅう》、黒砂糖でこってり煮れば、とろんとした風味が味覚に迫り、なんとも心強いうまさ。「雑味」には、くせの強い素材の匂《にお》いをマスキングする効果も備わっている。

まろやかな甘さ。さっぱりとした甘さ。ずっしり強い甘さ。甘みを感じさせたのち、すっと消え失《う》せる甘さ……精製の具合によって、「雑味」のある砂糖の持ち味は、千差万別。自在に使い分ける和食の凄《すご》みを知らないね、と私は密《ひそ》かに先のシェフを哀れむ。

ひとつぶひとつぶの表面にたっぷり蜜分がからまっており、サトウキビの持ち味がじんわり舌に伝わる。鹿児島・薩南諸島で収穫されたサトウキビを現地でそのままジュース状にしてから煮詰め、遠心分離器で糖分だけを取り出す。ふわあっと広がる個性的な香りとコク、うまみと出会って、未精製の純粋な砂糖本来の味わいに開眼した。四百グラム二百七十三円。

▼「生砂糖」㈱鴻商店　電話06・6716・1219

黒酢

東洋の酢のふくよかさ

お、いたいた。北京の自由市場を歩いていると、麵《めん》生地の塊を左肩の上に掲げ、右手で握った三角の小刀で削《けず》り落としては熱湯にぴゅぴゅっと飛ばしているおじさんを発見！　ブリキの看板に赤いペンキの文字が躍っている。「山西風味　刀削麵」。北京のお隣、山西の名物麵である。すかさず一杯注文して啜《すす》っていたら、向かいのあんちゃんが黒酢の小瓶を差し出してくれた。「これかけると、もっとうまいぞ」。

白酢、紅酢、黒酢……中国にはすこぶるうまい酢（醋）がこれでもか、と揃《そろ》っている。浙江《せっこう》の浙酢、山西の高粱《コウリャン》や白米酢、山東の梨酢《なしず》、そして江蘇《こうそ》に行けばあの香り高い黒酢、「鎮江香醋《ちんこうこうず》」がある。

誉れも高い「国家優質品金質奨」に輝く「鎮江香醋」は、もち米からつくられる。その味わいは、さすが中国の大自慢にふさわしい。とろりと黒く、酸味はまろやか、ほのかに甘い。香りを嗅《か》げば、思わず目をつむって余韻に浸りたくなる複雑さ。これを水餃子《すいぎょうざ》や麵なんかにひとたらし。すると、その柔らかな持ち味がコクに転じ、にわかに陰影が与えられる。

私は黒酢の風味が無性に恋しくなると、もうそれだけのために水餃子をつくったりします。ただし豚肉の黒酢煮込みなんか、「これおいしい、つくりかた教えて」と聞かれると、かえってお恥ずかしい。だって、黒酢や紹興酒《しょうこうしゅ》でことこと煮込むだけですもん。放っておけば酢が豚肉をとろーっと柔らかくしてくれる。あの酸《す》っぱくて辛いスープ「酸辣湯《スワンラータン》」だって、これさえあれば誰にでも名菜がつくれます。

とまあそんな具合に、もう長年に渡って大事なわが家の一本だが、それには理由がある。ラタトゥイユやカポナータ、ボロネーゼの隠し味に秘伝のひとたらし。すると、アラ不思議。恐るべし中国四千年の魔法がかかったか、えもいわれぬ深い奥行きを湛《たた》

えた味わいが生まれる。

どうです、西のアチェート・バルサミコか、東の黒酢か。がっぷり互角の勝負である。

かにの季節到来！　かにの甘みを引き立たせる黒酢が欠かせない。となれば、江蘇省鎮江名産の黒酢を惜しげなくじゃぶじゃぶ使いましょう。真っ黒な濃い色合いにひるむべからず。迫力のある色に反して、まろやかで優しい酸味はやみつきになる。もち米をアルコール発酵させる際、酢酸発酵と乳酸発酵が同時に行われるため、独特の軽やかな芳香が生まれる。六百ミリリットル三百四十六円。▼「鎮江香醋」東栄商行　電話078・321・3765

XO醬《ジャン》

うまみを解読する味覚ゲーム

あの熱はどこへ行ったろう。いっとき香港中に渦巻いていた、あの熱病は。料理人も、おいしいもの好きも、みなが盛んに競い合っていた。秘伝の調合。ヒミツの調理法。どこのがおいしい？ あそこの店の、もう食べた？ いや、こっちのほうが絶対おいしいよ。

——それがXO醬である。そもそも名前からしてセンセーショナルではある。「XO」は高級ブランデーからネーミングされた。「醬」は調味料の意味。つまり「最高級調味料」！ 十数年前、香港のある料理人が生み出すや、たちまちあちこちで〝XO醬競争〟が勃発《ぼっぱつ》した。この私も「大ぶりの素材がゴロゴロしてるのを『農圃飯店《ファーム・ハウス》』で発見！」とか、「『凱悦軒《ホイユッヒン》』のはさすがに洗練されてる」などと、生き馬の目を抜く

香港にあって寵児《ちょうじ》となった新顔にうつつを抜かしたものだ。

ところで、XO醤には何が入っているのだろう。

干しえび、干し貝柱、唐辛子やにんにく、生姜《しょうが》あたりをベースに、金華ハムやえびの卵、エシャロット、また大豆油やピーナッツ油……それぞれ微妙に素材の種類や組み合わせが異なるから、辛さ、コク、香り、ひとつずつ味が違う。これと決まったレシピがあるわけでもない。

とある午後、香港のあるレストランの厨房《ちゅうぼう》で、通りがかりにまっ赤に煮えたぎる大《おお》鍋《なべ》を目撃した。

「この地獄の釜《かま》の中身みたいなモノはいったい何ですか？」

ニヤリ。シェフは静かに私の目を捉《とら》えた。

「XO醤ですよ。干し貝柱も金華ハムも干しえびも、最高の素材だけしか使っていないのですから、おいしくて当たり前。料理に使うのもいいが、私はそのまま食べてもらいたい」

なるほどXO醤は調味料ではあるが、そのまま舌にのせてみると複雑な味わいの一端がほぐれる。それは、うまみを自分で解読する味覚のゲームとでもいおうか。あとを引く味わいを肴《さかな》に飲み干すビールのおいしさといったら、そりゃあもう！

もちろん、ナイショの魔法のひとさじの役目も果たしてくれる。炒飯《チャーハン》や炒《いた》めもの、スープに小さじ一杯でも入れようものならおいしさ倍増。とたんにぐんとコクが備わる。タダの青菜炒めも卵炒めも「売りもの」になります。

冷蔵庫の片隅にお気に入りのXO醬を。困ったときの神頼み、XO《最高級》な味にハネ上がる。そして、深夜のヒミツの酒の肴にも。

これを調味料に使うのは、本音を言うと相当もったいない。なにしろひと瓶千九百九十五円！　そのままダイレクトに楽しむほうが合っている。干し貝柱、干しえび、金華ハム、えびの卵など十種類がどっさり。化学調味料一切なし。嚙めばじゅわーっとうまみが弾ける。その余韻も肴になる。油は大事に取っておいて香味油として使ったりもする。ちょっとビンボー臭い裏技。▼「XO醬干貝柱」聘珍樓　電話045・474・9957

ラー油

ひねりの効いた驚きの変化球

　あまりのストレート剛速球に、手を出す気力も萎《な》えて結局傍観してあえなく見送り……そんな位置に甘んじている調味料がある。いや、ラー油のことなんですけれどね。

　衝撃の赤い波紋を、たったひとたらし。すると、たちまち味わいに鋭いベクトルが生じる。辛い。と同時に、全体がぎゅーっと締まる。まさに驚異の一滴、ストレート剛速球の勢いだ。しかし、日本ではあいかわらず餃子とのコンビの座に腰を下ろしたままで……。

　そもそもラー油は、中国・四川省でことに好まれる辣椒《ラージャオ》油と同種の調味料で、赤唐辛子をたっぷり使ったとびきりの辛さが特徴だ。また、中国北部から西部にかけてはさまざまな麺や餃子など粉料理に欠かせない大切な〝テーブル調味料〟である。これがなければ、「なんだかもの足りない」。そんな気分にさせてくれるのだから、本当はもっともっと縦横無尽に使われていいはずだ。炒めものの隠し味にだって、わずか一滴落とすだけで、がらりと奥行きが出るのにもったいないなあ——。

そんな「ラー油の不遇」を案じていたら、凄いものに出くわした。それが、「石垣島ラー油」である。

赤黒い波紋がふわあっと広がる。わずかひとたらし、ずーんと深くぐもるような摩訶《まか》不思議なこく。ラー油のストレート剛速球に複雑なうねりがかかって、まさに怪味。くせになる味わいだから、なんにでも使いたくなる。中国の生みの親もたじたじ、本家をはるかに凌《しの》ぐ仕上がりだ。

その理由は「原料」にある。使われているのは「島唐辛子、春ウコン、秋ウコン、ピャーシ、石垣の塩、にんにく、白ごま、黒豆、山椒《さんしょう》、黒糖、植物油」。ピャーシは沖縄の胡椒《こしょう》のこと。創造主は、石垣島在住の辺銀暁峰《ぺんぎんぎょうほう》さんだ。彼と話したら、なぜこんな絶品が生まれたのか、謎《なぞ》がたちまち解けた。

辺銀さんは中国・西安の出身だったのである。子どもの頃から馴染《なじ》んだ、なつかしい故郷の味。愛着のある石垣島の素材。中国と沖縄が出会い、日本の南でラー油は驚くべき「進化」を遂げ、人呼んで「石ラー」が誕生したのだった。

「ラー油を超えたラー油」と呼びたい。一滴をこんなに大事に使わせてくれてありがとう、と感謝したいほど。十種類もの沖縄産食材を辺銀さん独自の味に仕上げたら、周囲に大好評。口コミで全国に広がっていったという掛け値なしの逸品だ。「食は命薬（ぬちぐすい）」をモットーに、今日も辺銀さんは石垣島でがんばる。ひと瓶七百八十八円。全国各地の「わたしショップ」でも入手可。▼「石垣島ラー油」（有）自然食材倶楽部　電話0980・88・7030

鶏《とり》スープ

時間と手間と、百円玉

鍋に鶏のもも肉かささみ、ねぎの青いところと生姜の薄切り一枚。これを湯でふつふつ静かに煮て、そのまま冷ます。全部取り出したものが、私のいつもの簡単鶏スープである。これさえあれば百人力、あとは塩だけで十分。この豊かなおいしさをしみじみ味わいたくて、ときどき白髪ねぎだけ、卵だけのスープなんかつくってみたりする。ゆでた鶏肉は、あとの料理のお楽しみだ。

しかし、家族三人分の晩ごはんのスープはそんなやり方でまかなえても、どっさり煮込みたいシチューや煮物には量が少なすぎて歯が立たない。とはいえ、哀《かな》しいかな、いちいち鶏ガラを買ってきてスープをとる時間と手間の余裕がない。週末に鶏ガラスープをとって冷凍しておくという賢い手もあるのでしょうが、実際のところそのハードルがなかなか高い。ご無沙汰《ぶさた》していたデパ地下を巡ってみたりプールで泳いだり、いやもう鶏ガラスープどころじゃなかったりもするわけで。

はて、どうするか。手間と楽ちんを天秤《てんびん》にかけつつ、何年もかけてじっくり探しました。そしてとうとう見つけたのが「丸どりだし」だ。化学調味料なし。添加物一切なし。雌鶏を四時間以上かけて煮出したこの天然のスープストックは、美しいほどクリアに透き通っている。脂肪分ゼロの極めて上品な風味だから、そのぶん淡白だという向きもあるかもしれないけれど。

とにもかくにも、私にとっては御の字だ。好きなときに好きなだけ、鶏ガラスープがじゃぶじゃぶ使える。時間と手間と百円玉数枚を引き換えにしさえすれば、自分でスープをとったと同じ満足のいくおいしさが味わえる。文句なし、上等ではありませんか。

けれども。こっそり告白しておこう。袋をピーッと破りながら、どこかほんのちょ

っとだけ悔しい。いつの日か、たとえば香港の「福臨門」の厨房で目にした大釜の風景なんかうちの台所で実現してみたい。あの極上の「上湯《シャンタン》（一番だし）」のなかで、丸鶏や金華ハムや豚肉がなんとも機嫌よくふつふつ煮えていたっけ。

私の助っ人スープ。どこまでも美しく澄み切った透明感は、ひと目でそのピュアな味わいを伝える。添加物や化学調味料はもちろんのこと、塩も脂肪分も一切なし。二歳の雌鶏を四時間以上かけ、特殊技法で煮てつくり出される極上の味わい。スープのだしから煮込み、ピラフまで何でもござれ。ごく少量とっておき、炒めものに加えれば味わいがぐっと引き立つ。一袋二百六十ミリリットル二百六十二円。▼「丸どりだし」日本スープ　電話03・3478・7607

レッドカレーペースト

「お手軽インスタントもの」で実地訓練

そうです、タイのレッドカレーをつくるためのペースト。こう言っちゃあなんだが、いってみれば「インスタントもの」です。レッドカレーの素《もと》。あらま、そんなイヤな顔しないでね。

おいしいレッドカレーをつくろうと思えば、手間と時間は十分にかかる。赤唐辛子、クローブ、八角、クミンシードやレモングラス、カピ……何種類ものスパイスやハーブを石うすで根気よく叩《たた》いてつぶし、ペースト「クンケン・デーン」をつくって初めてレッドカレーの準備が整う。でもねえそんなの毎度毎度やってらんないのよタイの主婦、という胸の内をスルドく察しまして、案の定こういう簡便な製品が登場したというわけだ。

とりあえず、たいへん便利です。だって、「あ、レッドカレー食べたい」と思いついたら、材料さえ揃《そろ》えば十五分後には頰ばれる。そのインスタントさこそ命。さらに、私がこの袋を台所に買い置くには理由がある。それは、カレーにとどまらず、調味料としても使いたいから。

たけのこと牛肉炒《いた》め。いんげんと牛肉炒め。なす炒め。実際のところ、このあたりがわが家の三大レッドカレー風味の料理となっております。つくりかたは、いずれも肝心なポイントがある。レッドカレーペーストは、炒めてこそ香りとうまみを十全に発揮する。これだ。

「え、カレーのときはココナッツミルクにただ溶かしているけれど？」。そうですか、残念ながら不正解。カレーペーストは、ただ混ぜてはいけない。まず最初に、油で焦《こ》げないように炒めて香りの成分を起こしてやらなければ、元も子もない。カレーも炒めものもどんより濁った味に転んでしまう。たとえインスタントものでも、使い方ひとつでぐんと持ち味が引き立つ。

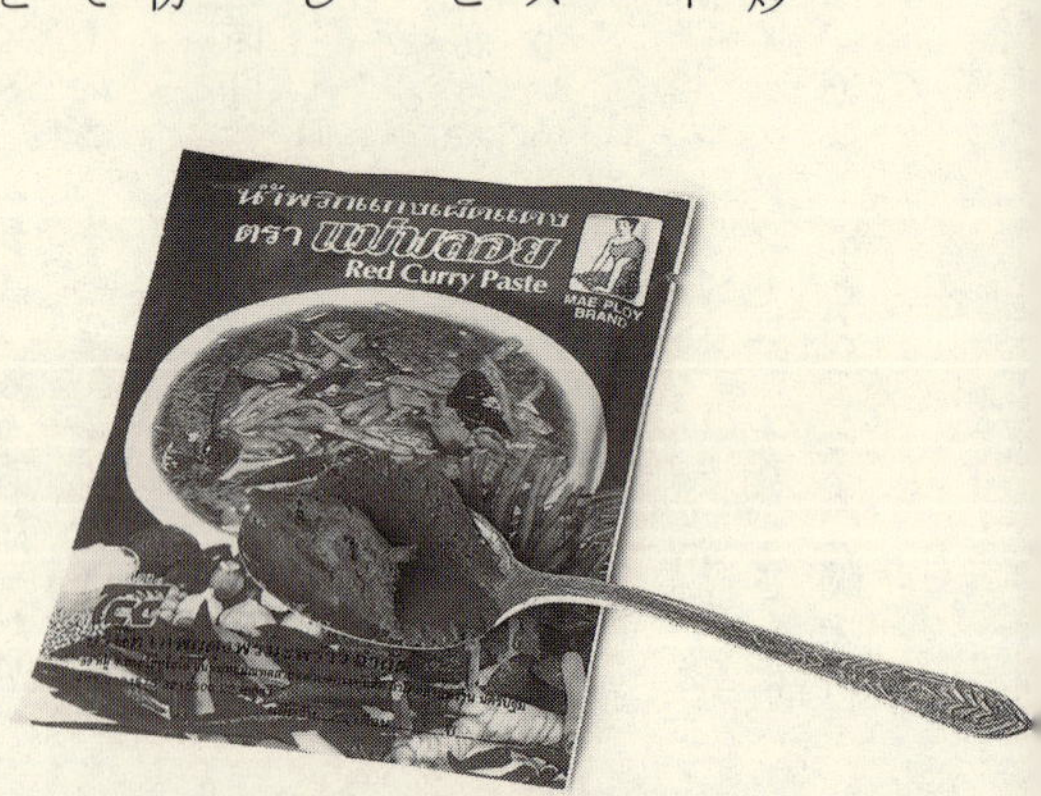

調味料を使いこなす一番の早道は、まず生かし方を把握すること。そのためには、どんな素材からできているか、きちんと知っておくことが大事。ただ味覚に頼ってば

かりではいけませんよ。頭を使おう。台所で「考えましょう」。

台所の棚にいつも二袋、そしてグリーンカレーペーストも一袋、キープしてあります。これでタイのカレーが手っ取り早く楽しめるのだから、御の字。焦げやすいので、炒めるときは油は少々多め、中火がいい。鍋からふわあっとカプサイシンの辛みと香りが立って、くしゃみのひとつも出ればＯＫです。日持ちするのも便利。五十グラム二百六十二円。▼「レッドカレーペースト」アライドコーポレーション　電話０４５・２３２・１７１７

ココナッツミルク
知ってますか。クリームとミルクの上手な使い分け

「ミルク」と名がつくからには牛乳と同じです。イヤ、ほんと。つまり、フレッシュな搾《しぼ》りたてにかなう味はない。ないのだけれどタイのみながみな、頭上から熟れたココナッツの実が首尾よく落下してくれる土地に住んでもいられないので、こうして缶詰バージョンがちゃんと売られている。

缶を開ける。すると、上部にどろっとしたカタマリが見つかるでしょう。これが脂肪分の高いココナッツクリーム。そして、その下にシャバシャバの液体がある。こっちがココナッツミルク。缶全部を使うときには、よく混ぜて均一の濃度にするのが原則です。ただし、厳密にはココナッツクリームとココナッツミルクは、調味料としてきちんと使い分けられる。

そもそもこれらは、ココナッツの実の内側についている胚乳《はいにゅう》の部分を搔《か》き取って搾ったもの。市場で胚乳を買ってきて自分で搾るときは、タイの家庭では一番搾りのクリームと二番搾りのミルクを別に保存して使い分ける。こっくりした味を出したいときは最初にココナッツミルクで煮ておき、仕上げにココナッツクリームを足してコクを深めたりする。盛りつけてから濃度のあるココナッツクリームをぽとんと落とし、白いアクセントにしたりもする。また、お菓子には味の濃いココナッツクリームを。

え？　そんなのとうに知ってる、ですって？　シツレイしました。タイ料理上級コースの免状をお持ちですね。いやね、ついこないだ感に堪えぬ声で話しかけられたばかりなのだ。

「タイ料理のつくりかたなんか知らないから、いつものカレールーにこわごわココナッツミルクを入れてみたんです。そうしたら仰天！　あんなに簡単にタイ風の味になるなんて！」

彼女は満面の笑みである。

ああひと缶の偉大さよ。たとえ額に汗してブラウン色に炒めた玉ねぎを使った努力と忍耐のカレーでも、このひと缶をダダッと注ぐだけで一転ココナッツミルク風味。この天下無敵の南国の強引さにはフッフ、と爽快感《そうかいかん》さえ覚える。

食後にふと、ココナッツミルク汁粉を食べたくなる。まず、上のクリームは少しすくってとっておく。中火で煮たら、砂糖と牛乳を加えて沸騰させないようあたため、そこに輪切りのバナナを。器に盛ってつぶあんを大さじひとつ、クリームをとろっ。わずか五分！　こんなシアワセのためにも、ココナッツミルクの缶詰が欠かせない。品物の回転の早い店で購入したい。四百ミリリットル四百二十円。▼「アヤムココナッツミルク」紀ノ国屋インターナショナル　電話03・3409・1231

ナムプリックパオ

舐《な》めてこそ知るタイのうまみ

冷蔵庫のなかで一番カナシイ存在は、放置された調味料である。興味津々《しんしん》、勇んで買ってはみたものの応用の仕方がわからない。つまり展開していかないのですね。そのうち目が「見て見ぬふり」をし始めたら、ジ・エンド。あとにはただ化石への道が用意されている。

ここ日本にあってそんな末路をたどる調味料のうちのひとつが、たとえばこのナムプリックパオかもしれない。いやぁ感心な働き者なんですがね。匙《さじ》一杯で驚くべき新鮮なメリハリをつくり出すタイの複合調味料なのだが、トムヤムクンを一度つくって「ほう、なかなか」となっておしまい。十中八、九、そういう展開じゃあなかろうか。

では、どう攻略するか。攻略法、つまり調味料の本質をつかむ最初の一歩は、ずばり「舐めてみること」。ナムプリックパオなら、カリカリに焼いたバゲットに塗って「舐めて」みてほしい。カリッとひとくち。そのとたん、えもいわれぬコクと甘み、深みを伴う辛さが口中に充満する。それもそのはず、揚げた大豆や干しえび、にんにく、唐辛子やホムデン（タイの小さな玉ねぎ）がたっぷり入った「うまみのカタマリ」のようなペーストなのだから。私は、夜中にこっそり頰ばるこのおいしさに出会った瞬間、「この瓶は一生離さんぞ」と誓った。

タイではトムヤムクンをはじめスープの味つけに活用されるが、遠慮などいるものか、ここはニッポンだ。その邪道を堂々歩きまして、私はうどんにもそうめんにも、鍋《なべ》ものにもどんどん使う。コクと辛みが出て、これがなかなか。ただし、その場合は辛みを受け止めてくれる鶏《とり》ガラベースのスープが合います。また、十八番《おはこ》は牛肉の炒めものや、豚バラ肉の煮込みである。牛肉の炒めものは、毎度醤油《しょうゆ》やオイスターソー

スではつまらない。そこで、酒と醤油でナムプリックパオを溶き、どかんとパンチの効いた味にしてみる。豚肉は柔らかくゆでて、こってりナムプリックパオと醤油、砂糖をからめて仕上げる。レモンとナムプラーに加えて、いかやえび、セロリやきゅうりと和《あ》えれば、タイ料理のヤム（和えもの）が簡単にできる。

どうです。これでひと瓶あっというま。ちょうど全部使い切る時分に使いこなし術もあれこれ身について、万事めでたしめでたし。

XO醤と並ぶ、私の深夜のお友だち。夜中に空腹を覚えると、このひと瓶が「よしよし」と慰めてくれる。薄く切ったパンをカリッと焼いて頬ばる深夜のおやつは、もう十年以上前の夜中に突然思いついた。インパクトのある味で満足したいお昼ごはんなんかにも、ぜひ。ナムプラーで溶いて使うと、ぐんと使いやすくなる。二百グラム六百八十二円。▼「ナムプリックパオ」アライドコーポレーション　電話045・232・1717

紹興酒《しょうこうしゅ》

中国より風味づけの助《すけ》っ人《と》来たる

　紹興酒を切らすと、もう落ち着かない。いや、キッチンドリンカーだというわけではないんですよ。ただ、その最初のきっかけが思い出せない。いったいいつ、どんな料理に使ったのだろう。とにもかくにも私の台所に紹興酒が欠かせなくなって、もう二十年近く経つ。料理酒はふだん、紹興酒と日本酒のふたつを使い分けるのが習慣だ。

　紹興酒は老酒《ラオチュー》とも称し、中国・浙江省《せっこうしょう》で生まれた黄酒である。いずれも原料はもち米。ただし、仕込み法によって味わいはさまざまで、たとえばじっくり熟成を重ねた貯蔵瓶《がめ》に花や鳥、虫や魚など福を象徴する瑞祥《ずいしょう》が描かれているものは「紹興花雕《かちょう》酒」と呼ばれる。

　とろりと濃厚な琥《こ》珀《はく》色《いろ》。鼻腔《びこう》からじわーっと柔らかく広がっていく芳香。独特の甘

やかなコクは、口中の温度を得て花びらがほどけるようにふんわり開く。地元・紹興では娘が生まれた年に紹興酒を貯蔵し、嫁ぐ日の祝いに封を開けて披露する習慣を持つという。

いや、そんなたいそうなものを調理に使っているわけではない。ひと瓶千円足らずのもので十分だ。あれ、「料理酒にそんなもったいない」ですって⁉

では、試しに小松菜やもやし炒《いた》めなんかにひとたらし。ふだんの味との違いを歴然とさせるために、調味料は塩と紹興酒だけ。初めて新しい調味料を試すときには、最小限の素材と調味料しか使わないこと。これが調味料の使いこなしの早道である。さて、熱々を頬ばってみると……そこにはふっくらとまろやかな香りが備わっていることに気づくはずだ。

その正体こそ紹興酒。日本酒ならば素材の香りを邪魔せず、ふんわり軽やかな風味を醸《かも》し出す。ところが、紹興酒はその逆。独特の香りや甘み、コクを逆手に利用して、料理に厚みのあるフレーバーをつけてしまうというわけなのだ。また、醬油を足せばしょっぱくなるが、もうほんの少し味に深みが欲しい……そんなときの奥の手にも。唐揚げや肉の炒めものなど、にんにくや生姜《しょうが》といっしょにしっかり風味をつけたい下味にもね。つまるところ紹興酒は、私の味の助っ人でもある。使い方は日本酒と同じ。

ただし、入れすぎればとたんに紹興酒の香りが仇《あだ》になる。その微妙な間《あわい》の習得こそ、紹興酒遣いの最大の課題である。

大さじ一杯注げば、中国料理の煮物の味わいに深いまろやかさを醸し出す。炒めものに使うときは、ほかの酒と同じく鍋肌から回し入れて香りを際立たせて。ごく少量でも効果抜群だからこそ、そのまま飲んでもおいしい紹興酒を使いたい。三百三十年の伝統を持つ国営沈永和酒廠は、紹興市にある酒蔵のなかでも手づくりの製法を守る醸造元として名を馳せる。三年以上熟成、六百ミリリットル九百五十円。▼「紹興老酒特醸花雕五年」興南貿易 電話03・3322・5351

腐乳《フールー》

中国版豆腐のチーズ

初めて腐乳を口にしたあのとき、口中を駆け巡った鮮烈さを思い出すと、身が捩《よじ》れるようになつかしい。もう三十年近く前のことだ。

荻窪の小さなバーの止まり木。バーボンのストレートを啜《すす》っていたら、差し出された小皿の上に、ちょこんと「白い直方体」がのっかっていた。なんだろ、これ。箸《はし》の先にのせて、ちびり。うおお！　刺激的な塩辛さの波間から、驚くべき重層感が舌の上に膨らむ。チーズでもなし、塩辛でもなし。思わずもう一度、ちびり。いったん塩辛さに馴《な》れた味覚には、さっき感知した複雑な重層感が急に丸みを帯びて膨らみ、像を広げる。初めて耳にする「フールー」の奇妙な響きに怪味の片鱗《へんりん》を嗅《か》ぎ取り、ほろ酔いの頭に何度も何度も繰り返して楽しんだ。

苦みと渋みを際立《きわだ》たせてつくった豆腐を塩漬けにして発酵させ、さらに酒に浸して再発酵させてつくるという。

素材も酒も地方によってそれぞれに個性があり、紹興《しょうこう》では青豆や黄豆を使い、紹興酒に漬け込む。辛い風味を好む四川省あたりでは、麹菌《こうじきん》とともに唐辛子や八角、肉桂《にっけい》などを加えて発酵させる。味も匂《にお》いも風味も、それぞれ微妙に異なる。フランスやイタリアで数限りなくいろんな土地のチーズが見つかるのと、ちょっと似ているかもしれない。

ただし、使い方にはたいして特別な違いはない。中国のどこの地方でも欠かすことができないのは、粥《かゆ》のとき。清廉《せいれん》潔白、淡味の極みの粥が腐乳ひとかけらでうまみ爆発、世俗にまみれる。青菜炒《いた》めには塩ではなく、腐乳をひとかけら。豚バラ肉を蒸すとき、腐乳を塗りこんでコクを染《し》みこませたりもします。私は、フライドチキンの下味をつけるときにも使う。

〝クリーミーなうまみ調味料〟などと乱暴に割り切ってしまえば、中国の伝統食品だという呪縛は意外にあっけなくほどける。

冷蔵庫に腐乳の姿が見えないと、なんだかさみしい。一気にわが家の消費量が急上昇するのが秋から冬。北京の味「涮羊肉」よろしく、しゃぶしゃぶのたれには腐乳が必須。魚醬、ごま油、紹興酒、ラー油、醬油、芝麻醬、おろしにんにく、おろししょうが、香菜、ねぎとともに組み合わせて濃厚なたれをつくる。腐乳がなければどこか気の抜けた味になる。そんなわけで、常習癖は覚悟のうえお使いください。▼「白腐乳」東永商事㈱　電話０４５・６２５・３６５８

氷砂糖

すっきり甘い健康調味料

なつめ、くこの実、干した白ぶどう、白きくらげ、山査子《さんざし》、竜眼、緑茶、そして氷砂糖……贅沢《ぜいたく》にも八つを碗《わん》に入れ、熱湯を注いでつくるのが「八宝茶」。氷砂糖のほのかな甘さがオンナゴコロをくすぐる、中国の誉れ高い「美人茶」である。

ただし氷砂糖は甘さだけのためではありませんよ。中国では、氷砂糖はからだによい素材として昔から大切にされてきた。北京を訪れたある春の昼下がり、老婦人がごちそうしてくださった「氷糖銀耳《ピンタンインアル》」（白きくらげと氷砂糖のスープ）は、美肌と健康のためにもう二十年も毎日欠かすことのない彼女の習慣のひとつであった。また、夕飯に招《よ》ばれて訪れた家で、婦人が食卓に運んできたのは大きな豚肉を醤油と氷砂糖でとことこと柔らかく煮込んだ一品であった。

「寒さが厳しく乾燥しやすい北京では、喉《のど》を痛めたり風邪を引いたりしやすいの。氷砂糖はたっぷり水分を含んだ純度の高い砂糖ですから、咳《せき》止めにも効きます。肺や喉にとてもよいのです」

氷砂糖ひとかけらにも健康のチカラを見いだす中国人の、この賢さ。帰国した私が氷砂糖を調味料にさっそく取り入れたことは言うまでもない。

氷砂糖の味わいは、しっかり甘いのにあと味が軽妙である。それは、ほかの砂糖では決して得ることのできないさわやかな軽さ。煮込めばこっくりと深い味わいを深めていく。その味と効能を知ってしまったら、もう氷砂糖なしの台所など考えられなくなった。

調味料というものは、まことに人間の知恵の産物そのものである。おいしさへの執着。味の探求心。すべてのひとつぶ、ひとしずくこそはその巧みが結実したかたちなのだ。

自然の恵みに感謝を。手に感謝を。知恵に感謝を！

氷砂糖は甘いものをつくるときにしじゅう使う。グラニュー糖はあと口がベタつくし、生砂糖は色が透明にならない。そんなときは氷砂糖の出番だ。七～八つぶ小鍋に入れ、水を加える。濃度は水の分量で自在に加減すればよい。弱火にかけ、とろとろ煮詰めて透明なシロップをつくろう。豆乳を固めてつくるふるふるの豆花やココナッツミルクのプリンにも、甘くてキレのよい氷砂糖シロップを。

「おいしい」を探して

京都ぷにぷに旅

あの店がある。だから京都へ行こう。

そう思わせてくれる店がたくさんありすぎて、京都の旅に出るたび頭を抱える。あるとき下りの新幹線で、手帖《てちょう》に記した「京都に行ったら絶対ここに行きたいメモ」を手繰《たぐ》っていたら、はっと気づいたことがある。

京都には、お餅《もち》の店がこんなにいっぱいある！　しかも、ほかのどこでも食べることのできない味ばかり。

なににつけ行列など大嫌いな京都人でさえ、店先で待たされるのも厭《いと》わずいそいそ餅を買いに訪れるのは、たとえば今出川交差点「出町《でまち》ふたば」。三代目を守るこの店には、その昔出町橋のたもとにまで黒々と行列が続いたという。そうか、「出町ふたば」の行列を我慢できるのは、京都人にあらかじめ組み込まれているＤＮＡのなせるわざなのだった。

お目当ては豆餅。「出町ふたば」では年に八十種類以上の生菓子をつくるが、なんといっても真骨頂は豆餅だ。豆は北海道富良野《ふらの》産の赤えんどう、餅は滋賀江州《ごうしゅう》の羽二重《はぶたえ》餅米。「餅はスピードが命」と店主はきっぱり言い切り、店の奥でこしらえた搗《つ》きたてを大急ぎで店先に並べる。だから、地方発送のお取り寄せなんかできない、断固応じない。京都にやってこなければ決して出逢《であ》えない味です。

地元のおばちゃん、おじちゃんといっしょに肩を並べて、恐れおおくも数分間だけ京都人の気分を味わわせていただく。そののち、「豆餅十個ください」。両手のなかに、ずしっとうれしいひと包みの持ち重り。柔らかさが手に伝わってくる。とびっきりのぷにぷにやわやわ！　口に入れたその瞬間を思い描くと……ああ、我慢なんかできるはずがない。宿にたどり着く前に、いつもこっそり包みをほどいて……。

京都では、お餅屋さんは「おまんやさん」と呼ばれる。だから、「おまんやさん」の搗きたて、つくりたてのまんじゅうは「朝生」、和菓子屋さんで扱う生菓子は「上生」と呼び分けられる。ことに「おまんやさん」のお餅は、京都人の暮らしには欠かせない。雛《ひな》祭りには草餅や菱《ひし》餅、五月になれば柏《かしわ》餅やちまき、六月には健康を祈願して餅に小豆をのせた、水無月《みなづき》。「出町ふたば」では、十五夜の頃にはいも名月と呼ばれる昔ながらの月見団子がつくられ続けている――四季それぞれの行事が暮らしのなかに根づいている京都では、「おまんやさん」こそ一年中暮らしに寄り添う存在である。

さて、京都のお餅のおいしさには、もう一歩さらに奥がある。神社の門前で頬ばる搗きたて、焼きたて、焙《あぶ》りたての餅の数々である。さて、今日はどこに寄ろうか。のんびり寄り道のできる旅は、神様からご褒美《ほうび》を賜った気分。そんなとき瞼《まぶた》の裏に浮かぶのは、たとえば上賀茂《かみがも》神社前で明治五年から続く「神馬堂《じんばどう》」のやきもちだ。鉄板の上でこんがり両面をきつね色に焼いた皮が香ばしい。このやきもちは明治の頃、北の鞍馬《くらま》あたりから薪《たきぎ》を背負って町へ売りにくる人々のために、路《みち》沿いであん入り餅を焼いて食べさせていたとおなじもの。早朝に搗いたばかりの餅がなくなれば、そこで本日は売り切れじまいとなる。

また、あるときは洛中《らくちゅう》散歩の途中に、ふと思案する。そうだ、少し足を延ばせば紫野今宮神社がすぐ近く。その門前に平安時代から二十三代続く茶屋「一和《いちわ》」がある。ここのあぶり餅はそもそも「おかちん」と呼ばれた香隆寺の参拝名物餅であった。竹串《たけぐし》に刺した香ばしい小さなあぶり餅に甘い白味噌《しろみそ》のたれをたっぷりからめ、まずは熱々を一本。京番茶をごくり。久しぶりのこの味がうれしくて、急いでまた一本。手で裂いた竹串の先っちょに小さくちぎった餅を刺してきなこをまぶし、注文ごとにうちわで扇《あお》ぎながらたった今炭火にかざしてこんがり焙ってくれたものだ。噛《か》むとふんわり柔らかく、お焦《こ》げがまた香ばしいこと。白味噌のたれがあとを引いて、思わずもう一本！

いやあ、だから京都はいいなあ。ここでは、餅ひとつにもあれやこれや日常の断片がぎっしり詰め込まれているのだから。あちち、と舌を焼きながら、そうだ、北野天満宮の鳥居前、天和年間創業「粟餅処澤屋《あわもちどころさわや》」の粟餅という手もあった、などと新たな食い意地が頭をもたげる。

千年の歴史をまたいでなお変わることのないこの長閑《のどか》な紫野の風景のなかで、竹串握って門前を通り抜けていく風にからだを預けていたら、昔の京都人の声を耳の奥で聞いたような気がした。

「ほな、餅でも食べて休んでいこか」

▼出町ふたば
京都市上京区出町通今出川上ル青龍町236
電話　075・231・1658
▼神馬堂
京都市北区上賀茂御薗口《みそのぐち》町4
電話　075・781・1377

▼一和
京都市北区紫野今宮町69
電話　075・492・6852
▼粟餅処澤屋
京都市上京区北野天満宮前西入ル南側
電話　075・461・4517

天丼《てんどん》を食べに浅草へ

ぷうんと香ばしい香りが鼻先を通り過ぎる。ごま油の香りだ。浅草をぶらぶら歩いていると、妙に天丼が食べたくなるのはそういうわけなのだ。

「でもさ、どうしてこんなに天丼の店が多いの？」

仲見世を冷やかしながら、なんだか浅草って外国みたーい、と留学先のオーストラリアから戻ってきた娘がはしゃいでいる。

それはね、江戸時代この界隈《かいわい》にてんぷらの屋台がずらりと並んでいたからなのよ。穴子や芝海老《しばえび》、貝柱、小あじなど新鮮な江戸前の魚介を串に刺して衣をつけ、さくっと揚げたてんぷらは、庶民が大好きなファストフードだった。『近世職人尽絵詞《えことば》』（文化二年［一八〇五］の筆とされる）をめくると、頬かぶりして顔を隠した二本差しのお侍が屋台でこっそり、てんぷらを頬ばっていたりする図に出会う。

「それはわかったけど、だからどうしてごはんの上にのっけるようになったの、てんぷらを」

外国から戻れば急に「ニッポンの不思議」が現れるのよ、と娘がスルドク言い放つ。うーむとうなりつつ、天丼とそばがおいしい地元の老舗《しにせ》「尾張屋《おわりや》」の女将《おかみ》さんの言葉を思い出した。そもそも海老の尻尾《しっぽ》を丼からはみ出させたのは、この店が最初だと聞く。

「天丼はね、そもそもそばつゆが下地になっているのよ」

それに創業百二十年を数えるてんぷら屋「大黒家《だいこくや》」の四代目、丸山さんもうちはもともとそば屋でした、と言っていた。

「初代がてんぷらそばに力を入れ、そのうちインパクトの強い天丼に移行したようで（笑）」

「大黒家」では昔ながらの丼つゆの返しを、四代目夫婦が自宅で毎晩調合してつくり続けている。揚げたてをじゅわっと一瞬、丁寧に仕込んだつゆにくぐらせ、ごはんの上にのっけると、ごはんひとつぶひとつぶにじわーっと染《し》みる。そしてほら、衣が蒸気でふやかされて柔らかくなってくるところが、まことにうれしい下町の味である。浅草発の東武電車に乗り込む前、駅弁に使おうと「尾張家」へ走ることがある。揚げたての立派な海老のてんぷらの衣がふがっと柔らかくなった頃、膝《ひざ》の上でいそいそ折詰を広げるときのうれしさといったら、もう。

「いや、てんぷらはあくまでカリッとしてなきゃねえ」

そうですか。でもいいんですよ、どっちでも。食べもののおいしさは時と場所によりけり。好きなように食べればいいんじゃあないでしょうか。浅草寺《せんそうじ》にお参りしてちょいと仲見世を流した帰り道、てんぷらや鮨《すし》をつまんで大満足して家路につく。江戸の昔から浅草は、そういう気の置けない町だったのだから。

「大黒家」でビールを一杯、はぐはぐ天丼を頬ばりつつ、ふと隣に目をやると母親と小さな息子とおばあちゃんの三人が囲んでいるのは、おやおやふたつの天丼じゃあないの。おばあちゃんは小さなお茶碗《ちゃわん》をもらってふたりから分けてもらって、そりゃあうれしそうに箸《はし》を動かしている。

「うちで海老四本の天丼があるのは、たとえばおばあちゃんが孫と来たら分けて食べられるように、と思ってね。だっておばあちゃんはさ、その昔天丼を一人前食べてくださった方なんだもん」

「大黒家」四代目の話を娘に教えたら、さすが浅草だねえ、ニッポンの下町の人情だねえ、と感動の面持ちだ。

ここ浅草で頬ばる天丼は、だから格別の味がする。

▼尾張屋
台東区浅草1-7-1
電話 03・3845・4500

▼大黒家総本店
台東区浅草1-38-10
電話 03・3844・1111

白熊《しろくま》捕獲大作戦

「鹿児島じゃあ白熊食べるんだってよ。だからさ、明日白熊退治に行ってくる」

そう告げてみたら連れ合いは、開いた新聞から目も上げずにボソッとつぶやいた。

「おおそうか、気をつけてなあ」

あん？　無反応。こ、このお方はいったい、何を考えていらっしゃるのでしょうか。も少しかまってみてくれてもいいのでは、と思います。

それに引き換え、友だちのホンダさんの第一声は極めてノリがいい。

「えッ白熊退治ですかあ。そりゃムダだわ。ぐふふ、白熊をあなどっちゃあいけませんよ」

そうして、感に堪えぬようにうっとりつぶやくのだ。

「あ〜いいなあ、白熊白熊、会いたいなあ」

胸の前で両手を握りしめ、目にはきらりと星が輝く。彼女は鹿児島県人なのでした。

「鹿児島じゃ白熊を食べるんです」

このひと言こそ、薩摩《さつま》のおひとだけに許された特権である。目がテンになっている相手には、さらにこう畳みかけるとよろしい。

「しかもね、とびっきり薄切りにして、練乳や蜜《みつ》をかけて頬ばると、もう！」

「最近じゃ、白熊に花火をさした『バクハツ白熊』なんてのもあるようで」

「白熊の宅配だってあるし」

ひー、と相手が目をむいて卒倒しかけた頃、知らん顔してようやっと明かしてみせるわけです。

「アレ？　白熊って、氷ですよコオリ。ま、言ってみればかき氷」

かつて私も、ホンダさんにやられました。私の場合そのときは、新種のとんこつラーメンの登場かと思った。以来、鹿児島といえば白熊、白熊と聞けばすこーんと明るい南国鹿児島の青い空が浮かぶようになってしまった。

そんな浅からぬ縁《えにし》を背負って、幸運にも梅雨の合間のからりと晴れた日、お日柄もよろしく白熊退治がついに敢行されることとなった。

情報によれば、白熊は鹿児島市内随一の繁華街、天文館に生息している。ホンダさんは旅の前にわざわざ忠告してくれた。

「最近ニセモノの白熊が横行してますからね、気をつけてくださいよ。ホンモノの白熊は生まれも育ちも天文館。天文館の『むじゃき』じゃなければ絶対ダメですからね」

天文館はその昔、薩摩藩の高級武家屋敷が並んでいたあたり。一九二〇年代、モボ・モガが銀座を闊歩《かっぽ》したその頃、天文館をブラつくことを「天ブラ」と呼んだという。

今では市内一にぎやかな天文館のアーケード街をずんずん進み、白熊退治ご一行様はついにその門を叩《たた》いた。

おお！「むじゃき」はやっぱりタダモノではなかった。

見よ！まだ昼前だというのに、入り口右手のボックス席ではいきなり五十がらみの男女三人連れが白熊相手に大格闘している図が展開されていた。

ひと目でソレと確信できる、このデカさ。天に向かって屹立《きつりつ》する背丈は、一般常識をくつがえす。普通のかき氷の二倍の高さ。その姿にはうむを言わせぬ貫禄《かんろく》が漂っている。威圧感がある。目にしたとたんにアタマの芯《しん》に痛みが走る氷の多さはどうだ！

白熊との衝撃の出会いに息を飲んでボーッとしつつ、ハッと正気に戻った。そして、おのれの弱気にムチをくれた。はるばる退治しにやってきたのではなかったか。

おーしゆくぞ。白熊ひとつ、ください！

こうして白熊はわが目前にも登場した。

迫る巨体におののきつつも、いざ握りしめたスプーンをぐーと差し入れ、大口を開けて構える。

ついに白熊捕獲の瞬間である。

おや？

口に含んだその瞬間、氷がふわんと溶ける。その優しい溶け心地は、初めて体験する食感だ。今度は噛《か》んでみた。しゃりしゃり、さくさくっ。意表を衝く、羽のように軽やかな歯ごたえ。氷が溶けて消え去ったあと、舌の上に残る甘さはなんとも軽やかで品がいい。

……こんなはずじゃあなかった。

大きいばっかりの、こってり甘くて冷たいばっかりの、ただの〝珍氷〟を征伐しに来たつもりなのにな。勇んで振り上げた刀は、行き場を失っていた。

動揺する一方、スプーンを口に運ぶ速度はどんどん増す。さくさく、さくさく。合いの手に、途中で食べる干しぶどうやプラムの味が、これまたいい。なにより、頭の芯がきいんと痛くなってきても、なぜか飽きがこない。スプーンが止まらない。さくさく、さくさく。この不思議な味わいは、いったいなんなのだろう。

白熊は、もはやかき氷を超えて、繊細な個性あふれる「冷菓」であった。

——鹿児島の夏。白熊の夏。じつは、それは昭和二十二年に始まっていた。

白熊の生みの親こそ、「むじゃき」現会長、久保武さんである。もともと和食の職人で、食堂を経営していた久保さんは、イチゴ狩りに出かけた先で、練乳がけのイチゴを初めて食べて大感激。そのとき、久保さんの頭にひらめいた!

「夏にウケそうな冷たいおいしいお菓子をつくってみるか……」

みぞれ。練乳がけ。みつ豆。洋菓子。洋風のデコレーション……いろんなキーワードが次々頭に浮かび、久保さんは新らしいかき氷の試作に没頭した。

なにしろ配給物資にも事欠く戦後すぐのこと。妻のヨシ子さんは、汽車に乗って熊本まで氷を買い出しに行ったが、帰りに氷塊を風呂敷《ふろしき》に包んでおいていたら、「通路が汚れる、外の連結器のところでなければ乗車は許さん」と、客席を追われる辛酸にも耐えたのだった。

それから三年。どこにもないほど薄く削った氷や、手づくりの独自の練乳や蜜の味がついに完成した。ふうわり薄く削った氷に干しぶどうやフルーツを飾ったら、上から見た様子が、あの北極の白熊そっくりに見えた。

白熊の誕生である。

一杯の値段は二十五円。昭和二十四年には「法外に高いかき氷」で、最初は日に二〜三個しか売れなかった。しかし、決して譲れぬ味だったから、値下げもせず諦《あきら》めもせず、断固つくり続けてきた。

そして半世紀が過ぎた。

「毎年夏になると、開店二分で全席満員になります。三〇度を超える日なんか、外は長蛇の列ですから。夏が近づくと、私ら従業員は『白熊くんに、ジゴクに落とされるぅ〜』言うとるんです〜」

店長の高橋さんは、しかし目尻を下げながら、うれしそうだった。店が大混雑するピークは、お盆の頃。全国から帰省した薩摩男児や薩摩おごじょが、大挙して白熊との再会を果たしにやってくる。「鹿児島に帰らなきゃ絶対あの味は味わえませんっ」。ホンダさんも力説していたっけ。甘さたっぷり、量もたっぷりの鹿児島料理に、白熊は見事にマッチしていたのである。

高橋さんがしみじみ言う。

「たかが氷、されど氷。氷の食感から大きさから、すべてマネのできない完璧《かんぺき》なバランスです。白熊くんは本当にもうスゴイです」

現社長、久保誠さんも胸を張る。

「いまだに練乳はもちろん、干しぶどうも煮たプラムも昔とおんなじ味です。氷を極薄に削る刃も、毎日微妙に調節し、昭和二十年代からの父母の味を大切に守り続けています」

食べ較《くら》べてみればすぐわかる。それは、確かに、誰にも絶対にマネのできない味だ。だからこそ、近隣に花火を飾ったハデな白熊が出現しても、チョコレートをかけた黒熊が徘徊《はいかい》しても、元祖白熊はびくともせず、桜島の灰が舞い降りる鹿児島の暑い夏を今日もまた独走している。

白熊退治などと滅相もないことを口走って、申し訳なかったです。勘弁してください。桃太郎にひれ伏したキジやサルみたいに、私はぺこぺこ白熊様に頭を下げた。

▼天文館むじゃき
鹿児島市千日町5-8
電話　099・222・6904

でっこびかっこび　そばの旅

山形には、地元のそば案内人「そばりえ」称号を持つ御仁が二十数人いるそうな。いや、その「掟《おきて》」というのが、じつにまっとうである。いわく「通ぶってはいけない」「どこのそば屋が一番うまいなどと口走ってはいけない」……ダメ押しの一文に、「まだ食べたことのないそば屋を発見したら、すぐに食べること」。

能書きなんかいらない。そばへの愛情だけで突っ走るべし。そんな熱い「そばりえ」精神を胸に、本日は「これぞっ」と狙《ねら》いを定めたそばを食べ継ぎつつ、山形をぐいぐい縦断してしまうのだ。山形県全図を片手にハンドルを握る旅の友、ウザワさんが最初の一軒、大きな水車の輪がぶら下がった天童市「水車生そば」の前でキキーッとブレーキを踏んだ。

うわぁ。いきなり腰を抜かした。きりり角張って艶《つや》やかな「板そば」は噛むたび、歯と歯の間にさくっさくっと微妙な変化が生まれる。つなぎは一切なし。がっしり太いのに、不思議なほどの軽やかさ。香りの高さ。

初めて味わう食感だ。秘められた繊細な食感に惹《ひ》かれて、そばを手繰《たぐ》る箸《はし》が止まらない。

「石うすで甘皮ごと挽《ひ》きぐるみにします。そばは、製粉の段階がとても大事なんです」

もともと製粉屋として、この地で百四十年余。五代目の矢萩長兵衛《やはぎちょうべえ》さんは言った。

うちのそばは、守るそば。昔とおんなじ道具で、おんなじように挽いた粉を握ると、しとーっとするんだわ。そういう粉を守らにゃいかん。

玄そばを毎日八時間、昔ながらの石うすでゆっくりゆっくり挽き、代々使い続けてきた木枠の六角篩《ふるい》の目を替えながら何度もふるう……つまり、水車でそば粉を挽いていた往時の味わいが、そのまま私の舌の上にある！

「蕎麦《そば》はまだ　花でもてなす山路かな」

そばの小さな白い花を句に詠《よ》んだ芭蕉《ばしょう》がみちのくを訪れた元禄《げんろく》二年（一六八九）、六月四日。門人曾良《そら》の随行日記には、この日そばが振る舞われたと記されている。芭蕉がしみじみ舌鼓《したつづみ》を打ったのは、たとえばこんな味だったのだろうか――。山形路を北へひた走る車窓を眺めつつ、遠くに思いを馳《は》せていたら、旅のロマンをかき消す、旅の友の容赦ないひと声。「つぎ、肉そばですっ」。

ハイハイそうでした。

天童市と村山市のちょうどまんなか、河北町だけでしか食べられないというこの名物そばが私たちを待っていた。

冷たい汁がけ。馬肉→牛肉と変遷《へんせん》を経て、現在は鶏肉《とりにく》のっけ……好奇心に駆られて突入したものの、味は想像もつかない。そのうえ店内を見渡すと——。

鏡張りの壁。ずらり揃《そろ》った額縁写真には社交ダンスを舞うカップルの姿。ふと足もとを見やれば、敷いたござの下には木のフロア。も、もしかしてここは……。

「そうなんです、ボールルームなんです。昼はエプロンかけてね、夜はひらひらしたの着て踊ってるのよ、週二回」

この町の二大肉そば派閥の領袖《りょうしゅう》と誉れ高い「いろは本店」肉そばは、おかみさんの手づくりであった。

ズズッとひとくち。そば粉とつなぎ半々で打った細いそば一本一本に、ぬらぬらとからみつく鶏スープのうまみ。ほどのよいこってり感。冷たさを感じさせないぬるさ。この中庸さが、逆にどかんと大きなインパクトをかましている。

こんなそば、生まれてこのかた一度も食べたことがない。いったい山形ってとこは……。言葉もなく最後の一滴までスープを飲み干した私に、おかみさんは堂々胸を張った。

「スープは私。そばはお父さん」

河北町ダンス同好会所属、踊り続けて二十年。一杯の肉そばに、夫唱婦随の愛のコンビネーションが結実していた。脱帽。

その夜は河北町谷地《やち》の「吾妻屋《あづまや》」で、そばづくしの饗宴《きょうえん》である。香ばしいそばの実の揚げもの、そば田楽、そばの刺身、そばの葉の辛子和《あ》え……変幻自在の味にいちいち驚いていると、おかみさんが畳みかけるのだった。「どれもこれも、昔このへんで食べてた料理ばかりなんですよ」。

山形のそば。それはかつて、かいもち（そばがき）やだんごなど米の代用食であり、山形庶民の糧《かて》でもあった。昼夜の寒暖の差があれば、荒れ地でも香りの強いそばが育ち、栽培には手もかからない。そのうえわずか七十五日ほどで生育する。江戸のそばがみちのくにも伝来し、味のよい山形そばは「寒中挽抜蕎麦《かんちゅうひきぬきそば》」として幕府にも献上された。

そして、そば切りは土地のもてなし料理に育ち、「そばぶるまい」という言葉も生まれたのだった。ポッと出の、そんじょそこらのそばじゃありません。山形のそばには、しぶとい北の暮らしの年季が刻みこまれている。わずか一日のそば行脚《あんぎゃ》でその奥行きの確かさ深さの片鱗《へんりん》を感じ取り、うーむとうなりつつ床についた。

すでに、秋田との県境にやってきていた。神室《かむろ》山脈の麓《ふもと》、金山町の夜。窓の外には初雪が舞い始めている。

翌朝。たったひと晩で、金山町の見渡す限りの杉林は白い綿帽子をかぶっている。

この美しい町のことを、明治十一年に訪れたイギリスの旅行家バード女史はこう記している。

「ピラミッド形の丘陵が半円を描いており、その山頂までピラミッド形の杉の林で覆《おお》われ……その麓に金山の町がある。ロマンチックな雰囲気の場所である。私は……一日か二日ここに滞在しようと思う」（高梨《たかなし》健吉訳『日本奥地紀行』平凡社・東洋文庫より）

私も今日、この町に明治二十年に開校した校舎で、もう一度小学生に戻ろうと思います。

「谷口がっこそば」は、廃校になった古い木造校舎のなかにある。板そば七百円。地酒七百二十ミリリットル八百円。学校でいただくおそばとお酒は、さぞかしうまかろうと舌舐《な》めずりしていると、またしても旅の友が冷たく言い放つ。

「自分でそば打ってからですっ」

「がっこそば」では体験そば打ちを行っている。教えてくれるのは地元の加藤トキさん。かつての教室で懇切丁寧に実演しながら指南してくれる。

こね鉢にそば粉を入れ、水をかけたその瞬間、ふわーっとそばの香りが巻き起こった。ああ、これが山形のそばの香り。

こねて、のばして、たたんで、そのうち息が弾んでくる。

「でっこびかっこびしとったらいけませんよお」

でこぼこにしちゃだめですよ、と声をかけてくださるのだが、それがじつにムズカシイ。包丁で切り終えた頃には、からだはぽかぽかであった。

「今日の体験さんは、けっこうきれいに切れてます。おまけして八十点!」

トキさん直伝の打ちたて、ゆでたてのそばと原木なめこのたっぷり入った味噌汁《みそしる》は、とびきり優しい味がした。

手を振って校舎に別れを告げ、金山町をあとにして、今度は南へUターン。新庄のはずれ、牛舎を改築した「手打ちそば庄司」で、香りの高いかいもづ（かいもち）と田舎そばをいただく。その足で最近大人気の村山市「そば街道」へ入れば、半年前にも訪れたなつかしさがこみ上げ、「あらきそば」の前で急ブレーキ。にしんの煮込みとお酒をいただいたあと、きりりと角張った極太そば「うす毛利」をわしわし嚙みしめながら思った。

山形のそばは、味も香りもすがたも、ひとつひとつ個性が全部違う。型にはまったところが、ちっともない。まさにそこが、山形のそばのおいしさ。足を運べば運ぶほど、じつにさまざまなそばに出会うことができる。

そんな魅力に、ともに圧倒された旅の友は南下の途中でハンドルを切って、あの愛の肉そばの町、河北町にピットイン。肉そばのもうひとつの領袖「一寸亭《ちょっとてい》」に駆け寄ってみたけれど、ああ無念にも休憩中の扉は開きませんでした。

さて、河北町経由で無事に山形市内にたどり着いたら、旅の締めくくりにぜひとも寄りたい店があった。それが大正四年創業の「萬盛庵《まんせいあん》」。

昭和三十五年から毎月一回「山形そばを食う会」を続けて、平成十八年十二月、惜しまれながら堂々五百二十九回で閉会した。その主宰者であり店主の高井利雄《としお》さんの言葉は、この土地のそばのおいしさの本質を物語っている。

「そばはね、食べたあともずっと、やぁ今日のそばはおいしかったーっといつまでも残る、そういう食べものなんですよ」

「やれ、どこのが一番おいしい、なんてのはちっとも楽しくない。昨日はあそこ、今日はこっち、といろんなそばがあるから楽しいんです」

「そばりえ」仕掛け人、土井俊夫《としお》さんが相づちを打つ。そうなのだ、山形のそばは、このおおらかさこそ一番の魅力。たとえばこの「萬盛庵」には、更科《さらしな》仕立ての紅花《べにばな》そばもあれば、冷やし納豆そばだって、カレーそばだってある。

腕に縒《よ》りをかけてきちんと打ったそばを丁寧に切り、ゆで上げてすかさず差し出す。山形のそばは、黙々と味わいにやってくる人々の愛着に支えられた、雪国の底ぢからのかたちである。

▼水車生そば
山形県天童市鎌田《かまた》本町1-3-26
電話　023・653・2576
▼いろは本店
山形県西村山郡河北町谷地中央2-1-15
電話　0237・72・3175
▼吾妻屋
山形県西村山郡河北町谷地乙62
電話　0237・72・2024
▼谷口がっこそば
山形県最上郡《もがみぐん》金山町谷口大字飛森《とびのもり》11
24
電話　0233・52・7577

▼手打ちそば庄司
山形県新庄市大字福田字石橋703-2
電話　0233・28・0615
▼あらきそば
山形県村山市大久保《おおくぼ》甲65
電話　0237・54・2248
▼萬盛庵
山形市旅籠《はたご》町1-3-21
電話　023・622・2167

進化する焼き鳥

「口のなかで熱い肉汁がじゅわーっと弾《はじ》け飛ぶ、あの瞬間がたまらない!」

この店の焼き鳥のおいしさの魅力は……そう聞くと誰もがこう答えてごくりと生つばを飲み込む。

さくさくの歯ごたえの砂肝を、感動のあまり「肉のレタスだっ」と叫んだ友だちもいた。皮の串《くし》を握りしめ、「これまで食べてきた皮は、ただのゴムだった」と絶句した輩《やから》もいる。焼き鳥と聞けば、パブロフの犬の如《ごと》く、即座にここの味が蘇《よみがえ》るカラダになってしまったのは、この私である。

ガツンと力強く、うまみほとばしるパワフルな味。それが「バードランド」の味だ。

店主の和田利弘《としひろ》さんが、それまで勤めていた焼き鳥屋を辞めて「バードランド」を開店したのは一九八七年。大学を卒業して、七年がたっていた。開店資金の大半は父親から借金をした。わずか十五席、七坪ほどの小さな店は、自分でカナヅチとノコギりを握ってつくった。

当初はカウンターに大皿料理が並ぶ「焼き鳥も、おいしい酒も、料理も出す店」。ところが翌年、週にたった一日木曜日だけ、すこぶるおいしい焼き鳥が現れるようになった。それが奥久慈《おくくじ》のしゃもである。

奥久慈しゃもは軍鶏《しゃも》のオスと、名古屋コーチン、ロードアイランドレッドをかけ合わせて生まれたメスとの三元交配。茨城県北の〝山の鶏肉〟だ。千載一遇の逸材を得て焼き鳥にずんずん集中していく和田さんの姿は、しゃもとがっぷりタッグマッチを組んだように見えた。

「ほら、皮はこうやってほわっと柔らかく刺すとね、焼いたとき脂《あぶら》がいい具合に落ちてカリッと仕上がるんですよ」

このひとの仕事にはひとつずつ、すべてにちゃんと理由がある。つくねのひき肉の練り具合は、「練りが甘いと、焼いているとき割れが入ってしまう」。肉を混ぜるときも焼くときも、ひたすらすばやく。「時間をかけると脂が浮いて、鮮度に影響するからね」。皮つきの正肉を焼くとき、皮目をあとで焼き上げるのは火が通りすぎて皮が反らないように。レバーは一本の串に四十グラム。塩は高知産の天日塩を選んだ理由は、「うちの焼き鳥にはうまみの濃い塩が合うから」。七味も山椒《さんしょう》も、香りの高い国産のもの……なにもかも、焼きたてを頰ばったときのおいしさにぴたりと照準が合わせられている。

いい素材を生かすも殺すも腕ひとつ。いやそれどころか、さばき方ひとつ、扱い方ひとつで素材は天上の美味へと駆け上がる。和田さんが鶏を扱う手つきはなにしろ的確で速い。あるとき何気なく教えてくれた。

「鶏は流線形をしてるでしょ。その肉の流れに沿うように包丁を動かせばいい。手は包丁の動きについていけばいいんです」

けだし名言である。毎日毎日、鶏と向き合うひとだけが発することのできる、生きた言葉である。そして、素材に串を打つときも集中の面持ちで、一本一本を丁寧に仕上げる。そして炭火の上にのせたら勝負！ である。その流儀の目的はひとつ。どうしたらこの鶏の持ち味を生かし切れるか。頭にあるのは、ただそれだけ。

「だってね、奥久慈のしゃもがどんなふうに育てられているのか知れば知るほど、こっちも本気で焼き鳥に取り組まなきゃ、と腹をくくり直したんです」

鶏が、店主の覚悟を決めさせた。

一本目の正肉を頰ばると、ふたりは同時にうなった。半年ぶりに暖簾《のれん》をくぐった

「奥久慈しゃも生産組合」の高安正博《まさひろ》さんと萩谷泰夫さんである。

高安さんの二本目は、初めて食べるという念願のペタ。尻《しり》に近い背中の部分にくっついている肉だ。

「こってりしてるかと思ったけど、意外にさくっと軽いんだなあ」

「これ、結構焼き方むずかしいんです（笑）。メスのペタはもう少し濃厚なんだけれど」

皮、つくね、ボンボチ（尻の先端の肉）と食べ進みながら、「こんなにおいしいんだから、自分たちもおいしい鶏肉つくんなきゃ」と高安さんがつぶやき、そういえば、と向き直った。

「そういえば和田さん、メスの脂、もう少し落としたほうがいいですか」

「いや、焼き鳥には今くらいでちょうどいいと僕は思います。でも、オスはもう少し脂肪が多くてもいいかなあ」

ふたりの出会いは十五年ほど前のことだ。

日立市出身の和田さんは、郷里の近くでおいしい地鶏が育てられていることを偶然知り、いてもたってもいられず奥久慈へ向かった。一方、奥久慈の地でよっしゃ茨城のしゃもを育ててみるか、と集まった四人の仲間のうちのひとりが高安さん。鶏を東京に送ってほしいと和田さんが直談判《じかだんぱん》すると、「生はとても無理」とにべもない。しかしその夜、和田さんが抱えていった一升瓶は、しっかりふたりでカラにした。

次の週、ひょっこり東京へ鶏一羽が届いた。和田さんの顔はしかし、引きつっていた。

「自分でさばけるんですか、と高安さんに聞かれたとき引っ込みがつかなくなって。だって、ホントは鶏まるごと一羽、さばいたことなんかなかったんだよー」

でも和田さん、客だって大変だったんだよ。一羽の鶏から取れる正肉はたった四串。狙《ねら》い定めて木曜日に訪れた客たちは、先を争って熾烈《しれつ》な奪い合いを展開していたのだから。

そんなわけで、店主も客も首を長くして翌週の便を待ち焦《こ》がれた。しかし、店が開く時間になってもなしのつぶて。

「あせって電話したら、のんびり言うんだ。『えッ、また送ってもいいんですか!?』」

ほどなくクール宅配便が普及し、「バードランド」の鶏はすべて奥久慈しゃもに切り替わる。そして、和田さんが鶏をさばく腕も名人級に育った。奥久慈しゃもだって、一流デパートで百グラム五百円以上もする超高級ブランドに育って……そんな今になってみれば、全部がなつかしい笑い話だ。

さて、ヒナ鶏から育つ鶏は一度に約五百羽。オスは百二十日間、メスは百五十日間、自由に運動させて平飼いで育てる。組合では、交配から餌《えさ》の配合まですべての指導を引き受けている。餌は、組合が十年をかけて試行錯誤を繰り返して決めた独自の配合。青菜や虫も自由に食べさせる。

山々に囲まれた大子《だいご》町は夏暑く、冬寒い土地柄である。しゃもは勇猛でありながら、じつはとても繊細な一面を持つといわれる。この閑静な環境のなかで奔放に飛び回り、ときには十メートルもびゅーんと飛んだりしながら、ゆっくり育つ。十五の生産農家のうちの一軒、二平さんの鶏舎では十五坪に約五百羽が飛んだり跳ねたり。もみがらを撒《ま》いた鶏舎はじつに清潔で、不思議に思われるほど嫌な臭《にお》いがしない。そんななかで育つ野生児には、だから、皮と肉の間にブロイラーに見られるような黄色い脂肪もない。肉は弾力性に富み、健康な赤身を帯びている。

「だから命を粗末にできない。いい焼き鳥焼くのに必死です」

素材のよさをとことん見据えた「バードランド」の味は、じつはとても自由だ。「レバーのパテ」や「手羽先のにんにく煮込み」はフランス料理から。塩漬けした鶏を一夜干しし、一度蒸したのちに熱い油をかけ回してつくる「風鶏《フォンチィ》」は中国料理から ヒントを得た。焼く直前に霧吹きで酒をかけるのは、日本料理のテクニック。イケる、とピンときたら、すぐさま取り入れる。奔放な好奇心と旺盛《おうせい》な探求心もまた、焼き鳥新世代を担《にな》う旗手の武器でもある。

つい最近、つくねはたれを使うのをやめ、仕上げに塩を振るだけに変えた。

「でもね。お客さんはそんな細かい工夫なんか全然わかんなくてよくて、食べたとき、ああおいしい。そう思ってもらえるのが一番いいんです」

ずしんとうまさが深い。

この類《たぐ》いまれな焼き鳥はきっと、もうひと暴れもふた暴れもする。

▼バードランド
中央区銀座4-2-15　塚本素山ビルB1
電話　03・5250・1081

▼奥久慈しゃも生産組合
茨城県久慈郡大子町袋田3721
電話　0295・72・4250

その手は桑名の焼きはまぐり

ふつふつ煮えた土鍋《どなべ》のだしのなかに、ことん、ことん。はまぐりがひとつぶずつ静かに沈んでいく。思わず息を止めてじぃーっと凝視する一同。はて、はまぐり様の動向やいかに、と膝《ひざ》を乗り出すも、鍋のなかはしばしの静寂——。

本日、割烹《かっぽう》「日の出」の座敷で、はまぐり鍋を囲んでおります。そう、水がぬるんできたら、はまぐりがむっちり太ってぐんぐんおいしくなる季節。対面を急ぐ一同を制して、女将《おかみ》さんいわく。

「じいっと見てると恥ずかしがっちゃって、なかなか開かないの（笑）」

桑名は旧東海道伊勢路《いせじ》の玄関口、四十二番めの宿場町。あの十返舎一九《じっぺんしゃいっく》も「その手は桑名の焼きはまぐり」なんて軽口を叩《たた》きながら「東海道中膝栗毛《ひざくりげ》」の道すがら、はまぐり茶屋でのんきにひと休みなんかしたのかしらん。

あ、あ。貝がことっと揺れた。次の瞬間、あっちでふわり、こっちでことり。美しい花がほころびて、ピンクの色彩が現れる。

「ぷくっとふくれるまでひと呼吸置いて」

絶妙の頃合いに火が通ったそばから、急いでむっちり大きな身を頬ばると……。

じつは、本物の桑名の〝地はま〟を口にしたのは初めてのことだった。地元の赤須《あかす》加《か》漁業協同組合でそう口にすると、

「そりゃそうでしょ。地元と名古屋の一部に流通できるくらいの量しか採れないんですから」

揖斐川《いびがわ》、長良川《ながらがわ》、木曾川《きそがわ》の三大河川が伊勢湾に流れ込み、海水と淡水が混じり合うこの桑名の干潟《ひがた》こそ、はまぐりの成育にとって日本屈指の好環境であった。ところが、埋め立てや地盤沈下などによって地形や潮流の変化を余儀なくされ、今や桑名のはまぐりは絶滅寸前。昭和四十年代には二、三千トンあったという水揚げ量がどんどん落ち込んで、平成九年頃にはたった七トンになってしまったという。

とはいうものの、ああこのまろやかさ、この甘み、このふっくらとした柔らかさ。

今まで食べていたはまぐり、あれはいったいなんだったのだろう。

「出回っているはまぐりの九割は朝鮮半島や中国からの輸入ものですからねえ」

知らなかった。しかも、その輸入もののシナハマグリやチョウセンハマグリは分類

学上、はまぐりとは別種の貝だという。

「江戸時代から、この赤須加の地で育ってきたはまぐりを、わが世代で絶やすわけにはいかんからね」

だから組合では、稚貝を放流して育てる試みに果敢に取り組んでいるのだった。

さて、『東海道中膝栗毛』を繙《ひもと》くと、街道では松ぼっくりを火種にして焼きはまぐりをこしらえた、と記されている。「おっとあちち」。舌を焼きながら味わう美味を、東海道を往来する旅人たちは競って喧伝《けんでん》したに違いない。

安藤広重《ひろしげ》の旅日記には、こう記されている。

「名物やき蛤《はまぐり》にて一酌をたのしみに、漸《ようや》く桑名へつく」

桑名の地を踏んでいながら焼きはまぐりを食べずに帰れるわけがない。地元の老舗《しにせ》の料理屋「魚重楼《うおじゅう》」の門をくぐってみると……ありましたよ、焼きはまぐり。ここでは貝のふたが開いたときに汁がこぼれないよう、あらかじめ蝶番《ちょうつがい》に包丁を入れてから網で焼く。熱い汁のなかに、ふっくりふくらんだまあるい大ぶりの身。くいっ、こりっと歯にくいこむ食感のあとに、じゅわーっとはまぐりの濃いうまみが口いっぱいに広がる。その快感に誘われて、あともうひとつ、もうひとつ手を出させる憎い奴《やつ》でございます。

今ではすっかり貴重品になってしまった桑名のはまぐり。春が訪れる頃にこの地を訪ねれば、二百年も前とおなじ、この地だけのおいしさが待ってます。

▼日の出
三重県桑名市川口町19
電話 0594・22・0657

▼魚重楼
三重県桑名市南魚町31
電話 0594・22・1315

涼一味。鮎《あゆ》の香り

ずっと食べてみたかった。

鮎雑炊とはいったいどんな味なんだろう。清流を勢いよく跳ねる美しい鮎の姿と、もったり穏やかな雑炊がどうしても結びつかなかった。ところが——。

ここは長良川に掛かる橋のたもと、十八代に渡って鵜匠《うしよう》を務める足立家《あだちけ》が営む「鵜の家 足立」。その足立家で供される雑炊は、これまで味わったことのない軽やかな味わいを湛《たた》えていた。川を上ってきたばかりの天然の鮎をほぐした身。生米から炊《た》き上げてたっぷりだしを含んだごはん。ざくざく刻んだねぎ。じつに簡素な熱いひと碗《わん》なのだけれど、さらさら喉《のど》を通りながら鮎の香り、うまみをたっぷり伝える。

鮎雑炊はそもそも、鵜匠の暮らしから生まれた料理であるという。そもそも鵜匠は美濃国《みののくに》に入った織田信長《おだのぶなが》が鵜飼漁者を保護するために与えた「称号」である。明治二十三年、長良川に献上鮎の御猟場が定められてから現在に至るまで、鵜匠は宮内庁式《くないちょう》部職の肩書を持つ。現在十八代目を務める鵜匠のひとり、足立陽一郎さんが、今夜川に出る。

その鵜飼が、今まさに始まろうとしている。

漆黒の長良川へ、舳先《へさき》にかがり火を灯《とも》した木舟が音もなく滑り出す。鵜匠は古来から濃紺に染めた筒袖《つつそで》に腰蓑《こしみの》姿、頭には風折烏帽子《えぼし》。手綱につながれた十二羽の鵜がいっせいに川に放たれた。

ホーホー、と鵜を励ます鵜匠の声。舟縁《ふなべり》を叩《たた》いて鮎を攪乱《かくらん》する音。火の粉に照らされて、影絵のように浮かび上がる鵜の黒い影。それはもはや、古代絵巻のように幻想的な風景である。目の前で繰り広げられる鵜匠の技法は一子相伝、代々世襲され続けてきたものだ。

「おもしろうてやがて悲しき鵜舟哉《かな》」

芭蕉《ばしよう》が詠《よ》んだその句の通り、いっとき闇《やみ》をにぎわせた鵜飼が幕を閉じれば、あたりは再び深い静寂に包まれるのである。

さて、鮎好きは長良川の、それも上流で獲《と》れたきゅうりのように青く爽《さわ》やかな香りを持つ鮎にこだわる。上流域の郡上《ぐじよう》で生まれた「たか田八祥《だはつしよう》」主人、高田晴之さんは言う。

「岩苔《いわごけ》や珪藻《けいそう》類だけを食べて育つ鮎の味は、つまり川そのものの味なのです」
高田さんがつくる鮎の昆布《こぶ》巻《まき》はいわずと知れた逸品だが、もうひとつの隠れた絶品に私はぞっこんである。それが、稚鮎の馴《な》れずし。五月頃獲れたばかりの稚鮎をいったん風干しにし、飯をまぶして数ヶ月間漬け込み熟成発酵させた馴れずしの味わいは、まさに佳趣そのもの。まごうかたなき酒肴《しゅこう》の名品である。

鮎は、わずか一年だけを生きる魚。清流のなかで熾烈な縄張り争いにしのぎを削りながら、ぐんぐん成長していく。初夏には若鮎の初々《ういうい》しい香り。夏が深くなれば脂の乗った味わい。そして晩夏には、卵を抱いた落ち鮎の風味。鮎は一年に三度、味を変える。

そのときどきのおいしさをまるごと味わうなら、塩焼きに尽きる。また、刺身や干物をはじめ、煮たり揚げたり、寿司《すし》に仕立てたり。鮎料理が自慢の「かわらや」へ、鮎尽くしの膳《ぜん》を味わいに出かけた。鮎の赤煮は、一尾まるごと骨まで甘辛く煮上げた珍味である。酒肴にはなんとも珍しい鮎の真子《まこ》の塩辛「うるか」。素焼きにした鮎にだしをかけ、しょうがをたっぷりあしらった「かけしお」も初めての味わいだ。岐阜《ぎふ》に足を運べば、じつに多彩な土地の鮎のおいしさを教わるのである。

岐阜で生まれ育った友だちが言った。子どもの頃、鮎はなんだかほろ苦くて苦手だったの。でも大人になって本当のおいしさに気づいたら、毎年鮎の解禁が待ち遠しくて。

鮎の香り。鮎の味。そこには日本の四季が映し出されている。香ばしい塩焼きに頭からかぶりつきながら、跳ねる勢いに日本人は一瞬の季節の移ろいをとらえる。

▼鵜の家 足立
岐阜県関市小瀬78
電話 0575・22・0799

▼かわらや
岐阜市今町4-15
電話 058・262・1530

▼たか田八祥
岐阜市杉山町17-2
電話 058・262・1750

幻のきのこを探して

で、でかいっ。このセップは笠《かさ》が掌《てのひら》と同じくらいの堂々たる大きさだ。しかも、たっぷり厚い。上等のなめし革みたいなベージュ色も目に眩《まぶ》しくて、思わず生つばをごくり。と、シェフは縦半分に切るやじゅわーっとソテーし、仕上げにバターをからめると——。

秋ですよ！　きのこの季節がやってきましたよ！　パンパカパーン、と口笛鳴らしたい気分である。里山のあちこちで色もかたちもとりどりのきのこが元気にむくむく、その光景を思い描くだけで浮き足立つ。

そんなパンパカパーン！な気分に躍るのは、なにも我らニッポン人ばかりではない。たとえばフランスのおひとも人後に落ちぬきのこ好き。波打つ笠を持ち、アンズのような芳《かぐわ》しい香りのジロール。「神々のための肉」とも崇《あが》められ、ふわんと繊細な食感を持つセップ……秋が巡り来ればフランスのきのこ山も大騒ぎさ。

そんなわけで、「そうだフランス行こう」と勇んで恵比寿《えびす》のフレンチレストラン「マッシュルーム」にやってきました。

なにしろ店の名前が「マッシュルーム」である。ここがきのこの桃源郷でなくてどうする。期待に胸震わせながらメニューを開くと、はたしてそこに並んでいるのは……あるある！　前菜にはジャンボマッシュルームのパルメザン焼きと鴨《かも》の燻製《くんせい》、毛がにとアボカド、ジロールのココット焼き。メインディッシュは、と目を走らせれば鮑《あわび》と鮑茸《あわびたけ》のソテー、丸茄子《まるなす》のローストと肝ソース、鳩《はと》のローストフォアグラソーストランペット添え。カワリハツタケ入りのリゾットを添えた名古屋コーチンのポワレなんてのも。そのうえ山岡昌治シェフはフランス修業時代にきのこの美味に開眼、今では富士山や岩手あたりの山に入り、きのこ探しが趣味というツワモノである。試しに聞いてみた。

「今日のきのこは富士山のどの辺で？」

すると、シェフはフフフと不敵な笑いをもらす。

「ソレは秘密です」

それでもしつこく食い下がってみると、秘密の森は裏富士二～三合目あたり。ちなみにフランスではピエ・ド・ムトンと呼ばれるカノシタや、ジロールことアンズタケも採れたというではないか。

カゴをのぞくと、ふわりと落ち葉の香りが立ち上った。

さあお待ちかね！　いよいよ熱々のセップのソテーの登場だ。濃厚なマデラ酒風味のソースは、贅沢《ぜいたく》にもセップのピュレがベースである。

ナイフを当てると、やわやわの手応《てごた》え。濃厚なソースをたっぷりつけて大急ぎで口に運ぶと、嚙《か》むなりとろーん。ああ、これぞセップ独特の食感！　ボルドーの赤なんかぴったりだ。笠の裏側のひだひだがとろっと柔らかく、口のなかで溶けながら広がってゆく。ソースと複雑に混ざり合い、口のなかで新たなソースがつくり出されたような、そんな食べ心地。けれども軸は一転、こりっと軽快な歯ごたえ。ローマ皇帝ネロが「神々の食べる肉」と呼んだというのを思い出し、ネロ様その通りでございます、と納得した。

フランスで高級食材として知られるセップはイグチ科に属するきのこである。苔やシダのなかに身を潜めて育つ。主な産地はフランス南西部やアルザス地方。水分を多く含むので香りを失いやすく、極めてデリケート。そしてとろける舌触り……フランス人が熱狂するのも当然だ。セップの王者、セップ・ド・ボルドーとソテーしたフォアグラとの組み合わせは天にも昇る美味だと噂《うわさ》に聞くけれど、うーむいつの日にか、ぜひとも相まみえたい！　なにかこう、セップのあのエロティックなまでの柔らかな風味は脳髄に効きます。

きのこは味も香りも食感も、すべて個性が違う。シンプルな「八種類のきのこのガーリックソテー」を食べ進めば、えぐみのあるコガネヤマドリ、鹿《しか》のざらざらの舌みたいな、という名前通りのカノシタ、サクサク歯ごたえのいいオオモミタケ、薄黒いけれど甘い香りのシシタケ……ひとつひとつに独自の世界があり、だからこそきのこ探しもきのこ料理も、奥深い森を分け入るような楽しさがあるのだろう。

「夏、牧草地帯に生えるクルメールっていうきのこのフライがおいしいんです」

ほおお。パラソルマッシュルームともカラカサダケともいう一メートルの背高のっぽを目撃してみたくて事典を探したら、ひゃ〜これはなにかの冗談だ。草原にずど〜んと一本、野点《のだて》の傘みたいな巨大な奴がにょきっと突っ立っているんですからね。

「シャンパーニュ地方の野原に生えてるロゼ・デ・プレは、フランス版おふくろの味。朝摘みをバターソテーしたものが一番で」

ああもうやめてえ。知らないきのこ、知らない山の美味がこの世にはわんさとある。

さらに、厨房《ちゅうぼう》の片隅で機嫌よく煮えている寸胴鍋《ずんどうなべ》の中身に思わずおおッと声を上げた。鍋のなかには大量のマッシュルームの薄切り！　何時間もことこと煮込んでつくるきのこのフォン（だし）こそ、山岡シェフの「命のだし！」。それは同時に、きのこの底ぢからの証明でもあった。

「アレはロマンのあるきのこですよ！」

いやァ料理人を触発してくれます、と言うのは横浜の中国料理店「嘉宮《かきゅう》」の曽兆明・総料理長（当時）。いや、白い網のような筒状のキヌガサダケのことです。きのことといえば乾燥きのこを巧みに使いこなす中国料理なしでは語れないが、なかでもキヌガサダケ（竹笙《チヨツサン》）は超高級珍味。梅雨時期と秋に採れるスッポンタケ科のきのこで、中国ではこれを乾燥させて料理に使う。

「乾燥させると、きのこは別ものになる。生とはまるで違うおいしさが備わります。そして的確に戻し、きのこの水分をスープと入れ替えるのが中国料理の手法です」

なるほど、なんと明快な分析！ その言葉を見事に裏付けているのが、松茸、金華ハムとキヌガサダケのえびすり身蒸し「麒麟蒸醸竹笙《ケイロンヂエンヨンチヨツサン》」の味わいであった。すり身を詰めたキヌガサダケはむっちりふくらみ、艶《つや》やかなとろみをまとって輝いている。なんとまあ、隣には贅沢にも金華ハムや松茸を従えているではないか。お久しぶり〜と声をかける。ここ二年ほどお会いしておりませんでしたので。気もそぞろに、まずひとくち。と、噛んだその瞬間、スポンジ状のキヌガサダケの無数の穴からじゅわじゅわ〜じゅぶじゅぶ〜っと勢いよくおいしいスープが口中に湧《わ》き上がった。これこれ、これですよ！　キヌガサダケプレゼンツ、感動の一瞬！

それは、むしろ自分自身が無味無臭だからこそできる芸当なのだ。上湯《シャンタン》（一番だし）をベースにした上品なスープが、いったんキヌガサダケの存在を借りることで、逆にぐいっと効果的に演出されている。そのうえ軽やかにさくっさくっとキレがよく、食感に絶妙なリズムを与えている——。

いったい中国の誰なんだ、最初にこんなすごいことを考えたのは。笠から白いレースのスカートを広げたような世にも奇なるきのこを、こんな美味に生まれ変わらせるとはね。つくづく思いました。

「きのこは人間をチャレンジャーに変える」

さて、秋はきのこなしでは始まらないという曾さんがとりわけ大事にしている料理がある。それが花椎茸《はなしいたけ》と芥子菜《からしな》の蒸しスープ「香露燉芥菜《ヒョンルウタンフアツアイ》」だ。じつはこれ、料理上手の地として中国全土に名を馳《は》せる広東《カントン》・順徳出身の母上の大好物。料理人になりたての頃、初めて褒めてもらったという思い出深いスープでもあるという。

「胸の奥まですーっと通るような格別の味わいです」

戻してから下味を含ませた花椎茸と、紹興酒《しょうこうしゅ》や鶏油、ハマナスのリキュールなどをかけた芥子菜をうつわに入れ、上湯をたっぷり注ぐ。ふたにぴっちりと紙貼《かみば》りし、強火で蒸すこと二十五分。そして熱々が今、目前で封印を解かれようとしている。べりべりと紙をはがし、ふたが開けられた。そのとたん、部屋中に満ちる柔らかな香り！　さらに、スープのおいしさに言葉を失う。椎茸の滋味満ちあふれ、かすかな苦みのある芥子菜の風味が全体をぎゅっと引き締めている。それは、泣きたいほど優しい、優しい味。喉《のど》から胃にかけて洗われるような清冽《せいれつ》な味であった。

さらに中国料理の卓抜を教えてあげようとばかり、曾さんがこしらえてくれたのが、いろんなきのこと鮑の煮もの「羅漢鮑魚《ローホンパウユイ》」だ。

桂花耳《ケイファアル》とも呼ばれる雲南省産の黄耳、四川省産の鶏のトサカそっくりの楡耳《ユウアル》、草茹《ツアオグウ》（干しフクロダケ）、木耳《ムウアル》（きくらげ）、油通しした生の白舞茸……ぷりぷり、しゃきしゃき、こりこり、さくさく、多彩な歯ごたえが舌の上で躍り、食べても食べてもっとも飽きない。乾燥させて水分を抜いたぶんだけ、いろんなうまみを吸収する。それが中国料理の計算づく。さらにそのうえ、揚げ麩《ふ》や銀杏《ぎんなん》、たけのこが、要所要所で興を添える。あれれっ、きのこがおもしろくて楽しくておいしくて、はっと気づいたら鮑の存在なんかとうの昔に忘れ去っていた。

さて、締めくくりを飾るのは、やっぱりあれ。そう、まっ白のぷりぷり、銀耳《インアル》。白きくらげだ。中国全土で採れる白きくらげは、なかでも福建産のものが最も品質がよいそうな。リン質を多く含み、ことに胃腸によし。北京で白きくらげの甘いスープをごちそうしてくれたおばあちゃんは、この二十年間美肌と健康のために毎日白きくらげを欠かさないの、と言っていたっけ。

僧さんの秋の味は白きくらげといちじく、巨峰入りの「鮮果銀耳羹《シンクオガンイーカン》」。ぷりぷりなのに、とろっとなめらか、ついさっきまでの怒濤《どとう》の食欲を静かに諫《いさ》めるかのような、汚《けが》れのない清浄な世界がある。不思議なことだが、甘い白きくらげをいただくといつも、満腹のおなかをすとん、と落ち着かせてくれる。きのこは常にどこか上手《うわて》をいっているところが、ちょいとしゃくな気もする。

わわっ、なんという迫力漲《みなぎ》る光景だ！

だってあなた信じられます？　思い切りよくスパスパせん切りにした大きな松茸どかんと二本、ハモでくるっと巻かれてんですよ。この巨大な大きさは山下清がかぶりつくげんこつ山のおにぎり。さらに息を飲むことには、この極太松茸太巻を備長炭《びんちょうたん》でカリッと焼き上げ、そのまま豪快にかぶりつく、という。

「だって高いものは、どかっと食べたいじゃないですか」

「麻布《あざぶ》 幸村」主人、幸村純さんに駆け寄り、涙ながらにその手を握りしめた。よくぞ言ってくださいました。だって、食べるほうは決死の覚悟を決めているのだ。大勝負に出ているのだ。ええい今夜はどかんと一発、年にたった一度の大放蕩《ほうとう》だ。うまさに涙するような松茸を食べさせてくれい！　いや、お願いですから食べさせていただきたいのです！

食べ手の心理を熟知し、かつ二十余年の料理人人生を賭《か》けつつ、松茸を最高においしく食べさせたいと幸村さんが勝負を挑む大看板が、この一品。人呼んで、その名も「松《まつ》ヶ浜《はま》焼」。

備長炭にかざして十分もたつ頃、ハモからぽたぽた脂がしたたり始める。極上のハモの証《あかし》だ。そのハモがきつね色に香ばしく焼け、きゅっと身がしまったその内側では松茸が蒸し焼き状態である。

こんがり焼き上がった太巻に包丁を当て、堂々のふたつ割り！　と、その瞬間、松茸の芳香が勢いよく立ち昇った。それがすぐさま運ばれてきたのだから、こっちも大急ぎだ。心意気に応《こた》えてバクッと豪快に頬ばるのが礼儀というもの。

脳天直撃！　この潔《いさぎよ》さ、このインパクト！　ハモのしっとり柔らかな身がまろやかなソースのように松茸に絡《から》みつく。塩のうまみがハモと松茸の甘みをぐいぐい引き出す。しゃきっと軽やかな音を立てて松茸の繊維を噛むたび、香りの渦が巻き起こる。ああ身が震えるうまさだ。ここに松茸制したり！ それは快哉《かいさい》を叫びたくなる「勝利の味」。

——あんな巨大な太巻を、感動のあまりたった三口で食べてしまった。けれども、その三口で深く深く満たされていた。

「脇役《わきやく》にもなり、主役にもなる。松茸だけでなく、僕にとってきのこは料理に弾みをつけてくれる存在なんです」

山里の恵み、自然界の贈りものに、いかに英知とワザを働かせておいしさを引き出すか。おいしく食べるか。きのこが仕掛けたその挑戦、秋に敢然と受けて立とう。

▼マッシュルーム
渋谷区恵比寿西1-16-3
電話　03・5489・1346
▼嘉宮
横浜市西区高島2-13-12　崎陽軒《きようけん》本店2F
電話　045・441・3330

▼麻布　幸村
港区麻布十番1-5-5　高柳ビル3F
電話　03・5772・1610

冬です、かにです

酢醤油《すじょうゆ》なんかいらない。なんにもいらない。日本一甘くておいしい福井のかにならば。

しかしながら、食べ方というものがあるんですね。かにを味わうときには不文律がある。手間を厭《いと》うてはならない。目前の相手の存在を忘れなくてはならない。行儀を気にしてはならない――いや、その程度のことは十分肝に銘じてかにと対峙《たいじ》するくらいの覚悟はできているつもりだが、ここ福井にあってはひよっこ同然であった。

「あーあ、だーめだ、そんな上品に食べてちゃ」

隣に座った地元のおじさんがなじるのである。ハイこうやって、ほら。顔を上に向けて、ぷりぷりに身が弾《はじ》けた越前がにの脚肉をつまみ上げ、大きく開けた口で豪快に受け止める。細かいところをせせるのは、かにの親指の爪《つめ》。箸《はし》では折れてしまうし、金属のスプーンではかに肉に金っ気が移っておいしさが削《そ》がれてしまう。鋭く尖《とが》りながら微妙なカーブを持つ爪の先なら、すーっと難なく奥まで入っていく。同類をもって征するわけですね。汁だって、殻に直接口をつけて最後の一滴までじゅるる～と吸うのが正しい。濃厚な甘みをたっぷり含む越前がにだから、酢醤油や二杯酢で余計な味をつけるなど言語道断、精緻《せいち》なかにの味わいを邪魔するだけだ。

「途中で地酒を一杯飲《や》ってみて。そのあと食べると、ぐーっと甘さが際立《きわだ》つでしょ？」

あら、ほんと！　かにの甘さにさらなるコクが備わっている。ふむふむへえ、と感心ばかりしていたら、容赦なく次なる指示が飛んできた。今度は熱く燗《かん》をつけた地酒を甲羅の内側のかに味噌《みそ》に注ぎ、溶かして飲んでごらん、と言う。そろりそろり甲羅を持ち上げ、唇をつけて静かに傾け、ちゅっと吸う。ああああ、もう。たまらず深いため息だけが洩《も》れて、ただ目をつぶる。

福井のかにはどうしてこんなにおいしいの？　そう聞いたら、昨晩ふらりと寄った福井駅前のおでん屋のおじさんが教えてくれた。

「あのね、越前がにがうまいのは、福井のかに船が小さいからだ。その日のぶんを獲《と》ったら、船が小さいから沖に停泊できないでしょ、だから夜のうちに戻ってくる。水揚げしてから口のなかに入る時間が日本一短いの」

かにが成育する条件はおなじだというのに、なぜ福井で出会う味がこんなに違うのか。その言葉で長年の謎《なぞ》が解けた。

さて、目の前にどん、と登場したのは焼きがにである。越前がにの脚肉や身の肉を殻つきのまま焼いたところにかぶりつくなんて、こんな贅沢《ぜいたく》があっていいんでしょうか。いいんですよね、福井に来てるんだからね。自問自答を繰り返しつつ舌にのせれば……ただ焼いただけで、この濃密な甘さ！　なるほどこれが獲れたての味というものであったのか。

じつは、福井にはもうひとつおいしいかにがある。それが、ずぼがにだ。オスが脱皮して数ヶ月以内のもので体長一メートル足らず、透き通ったピンク色をしており、水がに、月夜がにとも呼ぶ。水気が非常に多いのが特徴だから、そのぶん保存がきかず冷凍もできない。一番甘みが増すのが二月の半ばというから、なんたる幸運！　まさに今、たった今じゃあないの！

まだ朝暗いうち、中央魚市場で獲れたてのずぼがにを頬ばりに行った。柔らかな殻をパキッと割ると驚くほどどっぷりと水気がしたたり、そこへ大あわてでかぶりつく。なるほど、汁気が多いぶんだけ淡白な味わい。こんなかにの味もあったのだなあ。恐るべし驚異のかに王国、福井。

「子どもの頃、冬にお母さんが買い物に行くとかにをいっぱい買ってきてくれてね」

昨夜、おでん屋での会話を思い出していた。

「ランドセル置くと台所に行って、食卓に新聞紙、広げるわけ。ずぼがにやらセイコ（メスがに）やらそのまま積んで夢中で何杯か平らげて。いや、おやつですよ、ごはんはそのあと」

昔ながらの福井の家庭の風景である。一方、高価なオスの越前がには「献上がに」と呼ばれる。その精緻な味わいにはかなわなくとも、ずぼがにには庶民の冬の楽しみがぎっしり詰まっている。

ど、ど、どーん。遠くで雪おこしの雷が鳴り響いた。外はみぞれまじりの雪。福井のかにが、いよいよ美味の極みへと駆け上ってゆく、その合図の号砲である。

あんこう鍋《なべ》のヒミツ

「真冬の常磐《じょうばん》の『どぶ汁』を食べたことがなければ、あんこう鍋を語る資格はないよな」

憎らしいことを言うこやつは茨城県人である。しかし、である。あのねえ、「どぶ汁」ですって？　その名前を耳にして食欲をかきたてるには少々無理があるというものでしょう。そう反論してみるのだが、敵は一向にひるまず。それというのも、私がうっかりこう口走ってしまったからだ。

「あんこう鍋を食べた回数は、そうだなあ両手の指を折ればこと足りちゃうのよ。あのね、あんこうが一番おいしいのは鍋じゃあなくて、あん肝なんじゃないの実際は？」

だっめだなあ。敵は侮蔑《ぶべつ》の嗤《わら》いを浮かべている。

「ともかく目指せ、常磐の大津港を。僕のおすすめは……」

住所と電話番号の記されたその紙片を握りしめ、一路常磐を目指してやってきた。大津港は、とりわけあんこうの水揚げが多い港だと聞く。

「ハイ舐《な》めてみて。これがあんこう鍋の味の決め手！」

もう腰が抜けそうになりました。紙片に書かれた「魚力《うおりき》」は、地元で「あそこのあんこう鍋は別格！」と評判の店であった。女主人の村山美代子《みよこ》さんが厨房《ちゅうぼう》に招き入れるや、ねっとり褐色を帯びたカタマリを差し出したのだった。すすめられるまま、ちびりと指先に取って舌の上にのせてみる。なんですかこれはっ。じわーっと溶けながら、こってり濃いうまみが味覚を果敢に攻めてくる。初めての体験であった。

「あのね、こうやってつくるの」

指差された先には、火にかかった鉄鍋。それはあんこうの肝と味噌を根気よく小一時間かけて弱火でじっくり煎《い》りながら、香ばしく仕上げたものだという。この褐色の自家製「あん肝ペースト」こそ、あんこう鍋のおいしさの鍵《かぎ》。そもそも「どぶ汁」はこうして肝と味噌を煎り、そこへぶつ切りのあんこうやわかめ、切り干しだいこんを加えて煮る素朴な漁師鍋であった。野菜はほとんど入れない。それだけに、あんこうのよしあしが重要になる。

「手がかかるのよ、あんこうは。丁寧に掃除するのが秘訣《ひけつ》だからね」

美代子さんはそう言いながら、太いクギに掛けてぶら下げたあんこうの吊《つる》し切りを見せてくれた。その包丁さばきは見事なものだ。ぬらりくらり、正体のないあんこうを包丁の切っ先が正確にとらえてさばいてゆく。皮、柳肉（頬肉）と身、エラ、トモ（ヒレ）、肝、水袋（胃）、ヌノ（卵巣《らんそう》）。あんこうの七つ道具が、みるみる目の前に現れた。隅々まで水できれいに洗って掃除し、ぶつ切りにすれば下ごしらえは万事完了である。

鍋に「魚力」秘宝の「あん肝ペースト」を入れ、七つ道具をふんだんに盛りこむ。ぐつぐつ沸いてくると、次第に水が上がってくるではないか。あんこうから自然に出てきた水分が、そのまま汁になるのだ。ちっとも知らなかった。感心しているうちに味噌の香りもふわあっと立ち上って、いよいよ「どぶ汁」と対面する瞬間がやってきた。思わず身構え、武者震い。

ぶりぶり。こりこり。ぷるぷる。むちむち。ねとねと。なるほど、七つ道具はそれぞれに食感が違う、これがあんこうのおもしろみ。それに加えて、身と皮の間のゼラチン質のおいしいこと。ただし、あんこうにはそもそもはっきりとした味がない。そうなのだ、遅まきながらようやく秘宝「あん肝ペースト」にこそ大きな意味があることに気づく。こってりとこくや甘み、香りが加わった「どぶ汁」には、これまで私が知っていたあんこう鍋では知り得なかったおいしさがあった。さすが「常磐もの」、珍重されるだけの価値があると、舌を巻く。

ありがとね、この店を教えてくれて。あんこうのエッセンスがひとつぶひとつぶにまで染《し》みこんだ締めくくりの雑炊の碗《わん》を片手に、深々と頭を垂れる。なにしろ「どぶ汁」出身、地味ぃな見た目だけれど、これがまたあとを引く味。

▼魚力
茨城県北茨城市大津町五浦《いづら》海岸通り2-131
電話 0293・46・5995

ひとりてっちりのハードル

道頓堀《どうとんぼり》をイチキュッパのふぐが泳いでいる。ガラス越しに目にする姿は、心なしかフラついている。

あれからひと昔はたっただろうか、あちこちの店先に水槽が出現して「泳ぎふぐ」が登場してから。当初サンキュッパあたりだった値段も冬を越すごと無惨《むざん》にも階段落ち、今日びイチキュッパあたりで最後のブレーキが働いたとみえる。そりゃそうでしょう、いくら新鮮味の薄れてしまった「泳ぎふぐ」でも、千円札二枚は出させなければ「よっしゃ、ふぐいったろか」の気分も削《そ》いでしまうというものだ。

ひゅるるーと寒風に首をすくめる季節になると、浪花《なにわ》の街はふぐとかにの大行進。すなわち、うまい鍋《なべ》の殿堂と化す。ふぐ、かにのみならず、うどんすき、ぼたん鍋、鯨の尾の身と水菜のハリハリ鍋……よりどりみどり。しかし、その王道を行くのはやっぱりふぐである。

なにしろ大阪のふぐの消費量は全国の六割を占める。ふぐの扱いを認可制にする取締条例を施行したのは昭和二十一年、全国で一番早かった。オリジナルの呼び名も浪花流。ふぐ鍋はてっちり、ふぐ刺はてっさ。そのココロは「ふぐの毒に当たったら、鉄砲で撃たれたみたいに死んでまうで」。戦前は品書きにふぐと表示できなかったからこの通称が生まれたという説もあるけれど、まあどっちにしてもてっちり、てっさは大阪庶民の演歌の花道である。それに引き換え、東京のふぐは〝高級〟好み、高いもんを高いまま痩《や》せ我慢して食べ切ってこそ鼻高々で大満足。片や大阪にあっては、そうは問屋が卸さない。高いもん高いまま食うてアンタどうすんのや、そこを安う食べてこそなんぼのもんやろ。

「で、結局どこがうまいんですか」

千日前の寿司屋《すしや》でふぐの握りをつまむ手を止めて、ついさっき東京から新幹線でやってきたばかりのタナカさんが膝《ひざ》を乗り出した。ふらりと入ったこの店は、寿司屋だというのに壁の貼《は》り紙に「寄せ鍋六百八十円、ぶり雪鍋九百八十円、たら白子鍋千二百円」。意表をつく鍋攻撃に腰が退《ひ》けた異邦人二人組はこの地にあって完全に浮いている、ような気がして肩身が狭い。私も箸を置いて、ひそひそ声になる。

「あのね、それがね」

じつは夕方、先手必勝とばかりふぐの卸し元の大元締めに乗り込んで迫ってきたばかりなのだった。

「で、養殖なんですか、天然なんですか」

膝を詰める私に、競《せ》りで声をつぶしたシブい大将は言下に断じた。「そらアンタ、大阪だろうが東京だろうがたいていは養殖ですわ。大阪のふぐなら九五%はバッチリ養殖ものや」。

……だって。がっくり肩を落とすタナカさんに、私は畳みかけた。

「じつは肝心なのはそこから先だったのよ。きちんと『みがき』をほどこしたふぐは、百戦錬磨のプロでさえ養殖か天然か区別がつかないのですって」

その「みがき」も黒門市場へ見に行って、この目で確かめてきた。活《い》け締めにしたふぐの皮を熟練の手さばきで引いてから丁寧に水洗いし、身を晒《さら》してきれいに拭《ふ》き上げたのち、なんとたっぷりの氷に浸して冷蔵するではないか。この「みがき」の作業は必ず午前中でなければならない。なんとなれば、取引先の料理屋で使うまでの数時間、じっくり寝かせるために――。養殖だろうが天然だろうが、この手間暇かけんと、ぷりいッと引き締まった食感も飴色《あめいろ》の照りも、つまりふぐのうまみは出んのや。また、してもシブいガラガラ声で、黒ゴム前掛け姿のお兄さんが教えてくれた。

「ということは！」

寿司屋を飛び出て私たちが息せき切って駆け込んだのは……イチキュッパの「泳ぎふぐ」。なるほどお。私たちは顔を見合わせて密《ひそ》かにうなずき合う。この水っぽさ、この味のなさ、歯ごたえの頼りなさ。確認終了。たった今、水槽からむんずと捕まえてさばいたばかりのてっちりがこれほどまでにカナシイ味なのは、つまりそういうことだったのだね。「養殖ものだから結局イチキュッパ」と甘く考えていては、ホントのところはわからなかった。深夜の道頓堀、むう、と重いため息ひとつ。

てっちりはふぐの身五、六切れ。アタマやカマ、腹身、中落ち、唇などを組み合わせ、そこに白菜や菊菜、豆腐や葛《くず》切《き》りがつく。基本形は「てっちり＋てっさ＋皮の湯引き＋雑炊」、それなのに下はイチキュッパから、上はサンマンエンまで。浪花の鍋探索の締めくくりに、はてどこの店の暖簾《のれん》をくぐったものか、その大問題が残った。

とぼとぼはぐれて路頭に迷うかと思われたその翌日、私の目に飛び込んできたひとつの光景があった。ここは道頓堀二丁目筋、別名「ふぐ横丁」。とある店の扉ごし、カウンターにガスの簡易コンロが一席ごと整列してある。そこへコートの襟を立てた白髪混じりの男性客がひとり、またひとり。ふらりと寄ってはカウンターに並んで小鍋仕立てのてっちりをつつく姿がそこにあった。

ああ、この冬、ここに来られてよかったな。私はそう思いました。「ちょっと奢《おご》って、てっちりであったまっていこか」。酸《す》いも甘いも知り尽くし、ひとりさりげなく鍋をやっつけるオトコの後ろ姿に浪花恋しぐれ。ガスコンロの上でふつふつ煮える小鍋ひとつ、これほどまでに人の世の情感を見せてくれるとは。そこには大阪という街が漂わせる色気があった。

そんな風景が似合うのは、たとえば「与太呂《よたろ》」。創業昭和三十一年、頑固に伝統を守り続ける小さな空間が昭和への恋慕をかきたてる。大阪のこんな店でさらりと「ひとりてっちり」、ちょいとハードルの高いオトナの桃源境である。

▼与太呂（本店）
大阪市中央区道頓堀2-4-9
電話　06・6213・2980

すっぽん美人、見参

つやつやぴかぴか、ぱーんとハリのある肌になりたい。冬ともなれば朝晩のお手入れにも工程が増えまして。保湿クリームやら美容液やら、涙ぐましい努力を重ねるのが恒例行事でございます。

しかし私は知っている、この世で最強のエステがあるということを。ここに堂々宣言したい。なにを隠そう、それがすっぽんである。

「えー」

親愛なる諸姉よ、その反応は直ちに引っ込めなさい。「だってすっぽんって、オヤジ系でしょうが」。その認識も直ちに改めなさい。オンナの人生損します。この私が繰り返し臨床実験済みだ。すっぽんを食した翌朝は百発百中、ぷりんぷりんのすべすべ。はっきり申しまして、すっぽん前とすっぽん後では化粧のノリは雲泥《うんでい》の差。ファンデーションが滑って困る。

「ほんとですかぁ。私も連れてってくださいよう」

年下の友サトコの目がきらりと欲望に燃えた。そうかそうか、いざ手を取って漕《こ》ぎ出そう、未知のすっぽんワールドへ。

ひとくちずつ目を閉じて全神経を味覚に集中させる。鋭利な刃物の如《ごと》く研ぎ澄まされたすっぽんの真味が真剣勝負を挑んでくるから——。

荻窪に店を構える割烹《かっぽう》「四《よ》つ葉《は》」の必殺料理人、長谷川新さん、ひと呼んで新ちゃんのすっぽん鍋の味には、言葉を失わせる凄《すご》みがある。それも当然というべきだろう。新ちゃんがすっぽんに取り組んで丸十年、膨大な歳月を費やしてこそ到達し得た味である。

「すっぽんはじつに複雑な食材です。処理の仕方、切り方、火の入れ方……してはいけないこと、するべきことの全容を完璧《かんぺき》に理解するには膨大な時間が必要だったのです。しかし、ある日すべてがハラリとほどけ、整合性を持って解明できたというわけなのです」

日本料理ですっぽんといえば醬油と酒、生姜をたっぷり使って独特のクセを除くのが定石であろう。ところが、それではすっぽんの妙味も消え果てる。香りとうまみだけをいかに残すか。新ちゃんは、その一点にこそすっぽん料理の真価が問われる、と看破した。

しかして苦闘十年、最大の収穫とは⁉

「それはナイショでございます（微笑）」

試行錯誤の末、選び抜いた産地とは？

「それもナイショでございます（微笑）」

驚いたことに、独自の「すっぽんの方程式」は女将《おかみ》さんにさえ一切明かされていない。

さて、「四つ葉」のすっぽん鍋はひとり半匹。大ぶりに切り分けられた部位を順に食べ進むうち、驚くべき事実に遭遇する。ひとつとして同じ味わいがない！　前足は肉の滋味としっかりとした歯ごたえ。後ろ足の黄色い不飽和脂肪は、上質の白子のようなコクがとろりととろける。エンペラはぷりぷり、おなかの部分はとろーんと柔らかなゼラチン質……どんな食材でも体験することのできない複雑精妙な味が、食べ手の脳髄に揺さぶりをかける。

とどめは雑炊。溶け出たうまみを一滴残さず吸わせたごはんが、興奮を極めた五感を穏やかに静めてゆく。一方、口中にはいまだ上品な香りとうまみの残像――すっぽんの饗宴《きょうえん》は緞帳《どんちょう》が下りてなお、深い余韻に包まれている。

「もう一杯いかが？」

雑炊を差し出す女将さんの指先にふと目をやれば、真珠の粉をまぶしたかの如き光り輝く魅惑の肌。恐れながら六十代の先輩のこれほどの美肌を拝見するなど前代未聞《ぜんだいみもん》。三十路《みそじ》直前のサトコも目を丸く見開いてあせっている。もしや……。

「ええそうなの、すっぽんのスープ、必ず毎日いただいているんですよ」

かくも深きすっぽんの道！

翌朝のすべすべ肌をなでつつ、私はすっぽんの不思議なチカラに畏敬《いけい》の念を抱いた。

さて、日本では、すっぽんは明治期に養殖が始められた。水温二〇～三〇度のあたたかな環境が整えば、成育の場所は選ばない。そのうち大分・由布院産のすっぽんに白羽の矢を立てたのが、ホテルオークラ「スターライト」料理長、中山哲夫さん。

「中国では本来すっぽんは美容食だったのです。ヘルシーで美容にいいすっぽんを女性にもっと召し上がって欲しくて」

低脂肪、高たんぱく。加えてリジンやトリプトファンなど八種類の必須《ひっす》アミノ酸や不飽和脂肪酸、カルシウムなどのミネラル、肌によいコラーゲンなどが備わっており、まさにすっぽんは宝の山。医食同源を唱える中国人が見逃すはずがない。ただし難をいえば、お世辞にも麗《うるわ》しいとはいえないその外見である。しかし、ここが料理人の腕の見せどころ。「一度食べてもらえば、必ずやすっぽんの美味に納得してもらえる」。女性客に狙《ねら》いを定めた中山さんは、すっぽん相手にひたすら試作を重ねる日々を過ごしてきた。

「すっぽんのコーヒー炒《いた》めまでつくってみました（笑）」

あげく誕生した名菜の数々は、すっぽんのミンチ入り揚げもの、豚肉とすっぽんエンペラの細切り炒め、すっぽんの四川風炒めクレープ包み、アボカドアイスクリームとココナッツミルクすっぽんゼリー入り……なかでも労作というべきは「スッポンの柱侯醬《チユウホージヤン》土鍋煮込み」。ごろごろたっぷり入ったにんにく、ピリッとパンチの効いた辛さ。こってりとした風味があとを引く。

「すっぽんは臭みをうまく抜かなくてはならないので、下処理に気を使います。まずぶつ切りにしてねぎと生姜で炒め、紹興酒《しようこうしゆ》と湯でゆでてからいったん水洗い。そのあと数時間じっくり蒸し上げて濃いエキスを抽出するんです」

すっぽんは血行を促進し末梢《まつしよう》神経をも生き返らせるという。そのお宝が惜しげなく使われているのだから、ありがたいばかり。サトコがうっとりつぶやく。

「口を開けるたび、すっぽんのコラーゲンで微妙に唇がくっつくんですう！」

すっぽんの快楽ここに極まれり。

「ヒラマッさん、銀座行きましょ、銀座！」

数日後、すっかりすっぽんの魔力に捕らわれたサトコが電話口で叫んでいる。

「『マノワール・ダスティン』へいざ！」

押っ取り刀で駆けつけてみれば、おお！　私の目は主菜の一行に釘《くぎ》づけになった。

「冬の海の幸とすっぽんの煮込みマノワール・ダスティン風」！　外は木枯らし。落ち葉舞う季節に身も心も高揚させてくれる五十嵐《いがらし》シェフの手腕は熟知しているつもりだ。即決である。

熱いスープを啜《すす》る。こ、これは！　ずし～んとハンマーの一撃。ところが……すっぽん、白子、黒トリュッフ、トコブシ、下仁田《しもにた》ねぎ、冬瓜《とうがん》。それぞれ強烈な個性を持つ食材ばかりだというのに、舌の上の味わいは見事なバランスをなし、とろ～んとまあるい。

「なにしろすっぽんはそれ自体で完結している食材ですから、他のものを合わせる必要はないんです、本来はね」

五十嵐シェフ、不敵にニタリ。

「ところが、すっぽんがあるからこそ強烈な食材がまとまる。バラバラの強さを、すっぽんでひとつにつなげるんです」

強さに真っ向から向かわせ、それを上回る強さでねじ伏せる。すっぽんにしかなし得ないフレンチスタイルの仕事を、このひと皿に課すシェフの剛胆さにも脱帽だ。

見よ。丁寧にとったすっぽんのジュ（だし）が、美しい真珠の輝きをまぶした絹の薄布のようにひと皿を覆《おお》っている。

「明日は私たちもこんな輝きを放っているわけよね～」

その予感は翌日にはまたしても事実となり、この冬最強のすっぽん美人が二丁、無事誕生。

信じる者は救われる。

▼四つ葉
杉並区上荻《かみおぎ》2-20-7
電話　03・3398・7093

▼マノワール・ダスティン
中央区銀座8-12-15
電話　03・3248・6776

▼ホテルオークラ「スターライト」
港区虎《とら》ノ門《もん》2-10-4
電話　03・3505・6075

豚足《とんそく》マイラブ

前略ごめんください。

早いもので、木枯らしに震える肌をすっぽんで癒《いや》して以来、四ヶ月。「効果絶大、感動の嵐《あらし》が吹き荒れました！」。何度、巷《ちまた》で声をかけられたことか。

そうかあ。よかったね。みんなシアワセになろうね。使命感に燃えた我らは、次なる至宝に白羽の矢を立てた。

豚足です。

「えー」

だから信じなさいって。豚足が「ぶひーっ」と秘めた威力は凄《すさ》まじい。ぷりぷりの白いおみ足はコラーゲンのカタマリ。わが沖縄では、豚足は食卓に欠かすことのできない食材であり、肉といえば豚肉を指す。お年寄りだって、「豚肉を食べないと肌がかさかさして困る」などとおっしゃる。なんとも頼もしい存在でございます。

「なにしろ大切なぬちぐすい（命の薬）のひとつですから」

東京・三軒茶屋の琉球《りゅうきゅう》料理「古都首里《ことしゅり》」店主、高倉玲子《れいこ》さんが胸を張る。そもそも沖縄の料理は、豚肉を柱にして発達した。バラ肉を泡盛でとろとろに煮込んだラフテー、ゆでたミミガー（耳）、内臓や野菜、こんにゃくなどを鰹《かつお》だしで煮込んでつくるナカミ汁……沖縄には豚のさまざまな部位を使ってつくる料理がたくさんある。

「沖縄では四百年以上も前から豚肉を食べてきたのですから。鳴き声以外は全部食べ尽くすと同時に、食べるクスリでもあります」

沖縄には、こんな言葉がある。〝以類補類〟。類をもって不都合を補う——たとえば、豚足なら関節や膝《ひざ》、腰が痛むときに摂《と》る。その代表的な一品は、ずばり「足ティビチ」。泡盛をたっぷり、鰹だしや醬油《しょうゆ》、みりんも注いでことこと何時間も煮込む料理だ。

「古都首里」の足ティビチは、まさに驚異の逸品である。ぷるぷる、やわやわ〜。三時間かけてゆっくり煮上げた豚足を口中に招き入れる……と、まろやかぁに崩れて広がる、ふるふるのゼラチン質！

「豚足を煮た鍋《なべ》を洗ったあとは、手がしっとりするんですよね」

高倉さんはそう教えてくれた。そうでしょうとも。夢中で足ティビチのおいしさに酔いしれたそのあとの唇は……「んーパッ」。唇が無事に離れるまでの所要時間、たっぷり一秒。豚足の恐るべき威力に、もうこれ以上の説明はいらない。

さて、そもそも江戸初期、中国の影響を受けて琉球を経た豚は薩摩《さつま》に上陸した。沖縄に伝わった豚バラ肉の煮込み「ラフテー」は中国料理「東坡肉《トンポーロウ》」であり、台湾の「魯肉《ルーロウ》」ともつながる。

沖縄の豚肉料理の師匠たる台湾では、当然耳から足の先まで食べ尽くす。開店二十五年、台湾料理「光春《こうしゅん》」店主、菅生益則《すごうまさのり》*さんは台湾最南端・恒春出身。子どもの頃から豚足をしゃぶって、その美味の世界に馴染《なじ》んできた。

「私がつくり続けてきたのは、昔ながらの台湾の味。開店当時はほとんど注文がなかったのに、イヤ最近は様変わりしましたねえ。若い女性が盛んに豚足を注文してくださいます。しかも『前足ください』って」

つまり、後ろ足は長くて細い。前足は太くて短い。寵愛《ちょうあい》を受ける「光春」の前足は、さすがぶりぶりの見事なハリ。ツメや骨のまわりに張りついたゼラチン質を歯でしごけば、舌の上でぷりん。桂皮《けいひ》、五香粉、八角……工夫をこらして調合した香辛料の複雑な香りが鼻腔《びこう》をくすぐる。ねっとり舌に絡《から》みつく粘着攻撃を迎え撃つのは、キンキンに冷えたビールのキレ。みなさま！　一部の女性にだけ前足を独占させたままではなりません！

さて、豚足にはさらなる展開がある。それが韓国のテージチョッパルである。ビールによし、焼酎《しょうちゅう》によし。高たんぱく、低脂肪、ゼラチンたっぷり。韓国人に「好きな酒肴《しゅこう》は？」と聞いてごらんなさい。必ずこの一品の名前が挙がる。

テージは豚、チョッパルは足。韓国ではあちこちにテージチョッパル専門店が並び、出前も引き受けるところも少なくない。ソウル奨忠洞《チャンチュンドン》には、「チョッパル通り」まであります。地下鉄3号線東大入口《トンディック》駅近くにあるこの通りは、そもそも一九五〇年代、北から移住してきた人々が次々にチョッパル専門店を開業したことに端を発する。そして、近隣に大きな体育館があるため人通りが多く、「チョッパル通り」の存在はあっというまに広く知られていった。今では毎年十一月に「チョッパル祭り」が開かれるほどの名物通りである。

さて、テージチョッパルはたいてい、豚足を醬油や数種類の漢方食材、にんにくやねぎといっしょにゆっくり煮込んで冷ましたものを薄切りにし、サンチュやえごまの葉でくるんで頰ばる。ソウルスタイルなら、アミの塩辛もいっしょに添える。東京での私の最高点は、なんといっても新宿・大久保《おおくぼ》「コリアスンデ家《チ》」の豪華「ワンチョッパル」。しっとり柔らか、上品ですっきりとした味わいは天下一品。ソウルでも、こんな軽やかな味にはめったに出逢えるものではありません。

ところで、ヨーロッパでも市場に行けば必ず豚足の姿がある。こないだ立ち寄ったギリシャの市場でも、もちろん。おじさんが大男の二の腕ほどもありそうな巨大な豚足を握り、カミソリでジョリジョリ。ほんのりピンクに染まった爪先《つまさき》とむっちりまっ白な豚足が妙に色っぽくて、密《ひそ》かにどきどきした。カリッと香ばしいパン粉焼きやピエ・ド・コションは、パリのビストロでもお馴染みの庶民の味。豆や野菜といっしょにことこと煮込むカスレにも、まろやかなコクを生み出す豚足あってこそ。

ただし、豚足そのものには味がない。だからこそ下ごしらえひとつ、料理の腕ひとつひとつに、おいしさのすべてがかかっている。そんな豚足を食べさせてくださるお方といえば……日本のフランス料理界でこよなく豚足を愛するキレモノなら、このひとでしょう。フレンチレストラン「ル・マンジュ・トゥー」オーナー、谷昇シェフ。谷シェフの腕にかかれば、わが豚足ちゃんはいかなる変身を遂げるのか。いてもたってもいられず、市ヶ谷《いちや》に突進した。

――ああ、そして私は官能の嵐に翻弄《ほんろう》されました。皿の上に立ち上る豚足の香気。すーっとナイフを入れれば、ぷりんぷりんの豚足登場！　そこにこりっと歯ごたえのあるモリーユ茸《だけ》、シャキシャキの白アスパラガス。この卓越した計算もまた、強烈なインパクト。食べ進むにつれ、唇と舌に絡みつく「むっちりねっとり」は、まるで耳元で囁《ささや》く悪女の誘惑みたいだ（知らないけど）。

二度も丁寧に下ゆでした豚足の骨をはずし、まず赤ワインとクレーム・ド・カシスで煮る。そののち贅沢《ぜいたく》にもリドヴォーとフォアグラを豚足に詰め、豚の網脂で全体を包む。さらに焼いてから再び赤ワインとクレーム・ド・カシスで煮込み、仕上げにオーヴンでカリッと香ばしさを立たせている……。

この勝負、豊富なゼラチンを逆手に取りつつ、多彩な濃いうまみをぎゅーっとひとつに凝縮させる超高度な手練手管にワザあり一本！　しかも、なにやらあだっぽい。オトナの余韻に浸っていたら、谷シェフのスルドイひと言が飛んできた。

「気を抜けば、たちまち味の一角が崩れる。豚足は真剣勝負を強いる怖い食材です」

豚足には瞬間芸など通用しない。行き届いた掃除、手間暇かけた下ごしらえ、頭脳プレーに裏打ちされた的確なワザ。この三本柱が勝負を決める。

ほら、こんなふうに掃除するんです、と谷シェフが豚足を取り出して見せてくれた。まずバーナーで毛を焼き、塩で全体を優しく揉《も》む。爪先のピンクは、あらやだ、こころなしか恥じらいにほんのり頬を染めているかのよう。なんて愛らしいの。そして、たて半分に割った豚足は中心の骨をはずし、そこへフォアグラやリドヴォーがたっぷり詰められる。

豚足ちゃん、あんたもつくづく幸せ者だね。

「豚足のゆで汁も余さず、ソーセージのゆで汁に使いますよ。しっとり艶《つや》のあるゆで上がりになるから。豚足は、僕にとって欠かせない素材なんです、ほら」

な、なんですか、これ？　ステンレス容器には乳白色のカタマリが詰まっている。おっかなびっくり指で触れてみると、まるで柔らかな石鹸《せっけん》のような感触だ。

「豚足のゆで汁はこんなふうに固まるんです」

にわかには信じられなかった。つまり、私の目の前にあるこの白いカタマリこそ、豚足のゼラチン質の正体そのもの。百聞は一見に如《し》かず。その言葉の意味を、わが豚足ちゃんが思い知らせてくれるとは、つくづく人生まだ知らないことが多過ぎますなあ。

「ね、ね、なんかこう、肌がふっくらしません？」

帰り道、肩を並べて歩きながら、沖縄からフランスまで（電車ですが）一気に旅をした盟友ヤスコがうっとりつぶやく。それもそのはずではないか。たった数日間で恐るべきコラーゲン摂取量！

冬はすっぽん、夏は豚足。最強の二本立てで、向かうところ敵なし、か⁉

▼琉球料理　古都首里
世田谷区太子堂2-24-6
電話　03・5431・3275
▼台湾料理　光春
世田谷区代沢2-45-9
電話　03・3465・0749
＊店主の益則さんは平成十四年に他界。現在は息子の勇志さんがあとを継いでいます。

▼コリアスンデ家
新宿区百人町1-3-3
電話　03・5273・8389
▼ル・マンジュ・トゥー
新宿区納戸《なんど》町22
電話　03・3268・5911

四角いピッツアを港町で

午前十一時、神戸港。停泊中のイタリア軍艦「カリテア号」から続々投降した約百五十人の乗組員のなかに、二十二歳で国立料理学校を首席で卒業したイタリア海軍最高司令官付料理長の姿があった。本国イタリアは一九四三年九月、連合国に降伏。日本の敗戦より二年前のことである。

「カリテア号」はその一年前からスラバヤ（インドネシア）を拠点に日本軍占領地へ物資輸送する任務に就いていた輸送艦であった。しかし、母国が連合国に降伏して日本の友軍の立場から一転、イタリア人乗組員全員は、捕虜として兵庫県姫路市の収容所へ送られることになった。

しかしながら、この日こそ、ピッツアのみならず日本におけるイタリア料理の「歴史的な幕開け」になることを、いったい誰が予想しただろうか。

「わし、収容所から出て、一九四四年から神戸の異人館近くでシチリアのお母さんの味そのままのピッツァつくってた。神戸のイタリア人貿易商からメリケン粉、じゃがいも、トマト、モッツァレラ……なんでもいろいろ手に入ったから、ニョッキできる、フェトチーネつくれる、ピッツァできる、でしょ」

当時二十七歳の若き料理長こそ、カンチエミ・アントニオさん。東京・代官山のリストランテ「アントニオ」オーナーとして店を守り続けてきた。*八十七歳で日本に骨を埋めるまで、日本とイタリアとの親善に尽くしたアントニオさんに、イタリア本国はナイトの称号を与えた。

時計の針を当時に戻そう。同盟国のイタリア人のこと、すぐに解放されたアントニオさんは四四年、ドイツ人が経営する神戸・トアロードのレストランの厨房《ちゅうぼう》に立っていた。客は神戸近隣の外国人に限られていたが、そのなかにはテノール歌手・藤原義《よし》江《え》がいたといわれる。そして、日本の敗戦。同時にイタリアからの輸入物資が途切れ、まずトマトが手に入らなくなった。当のアントニオさんは当時宝塚ホテルにあったGHQ将校クラブの厨房へと移される。敗戦のどさくさに紛れて、「シチリアのピッツア」はある日、ひと知れず日本のピッツァの歴史からいったん姿を消したのだった。

歴史には不思議な符合が見つかるものだ。日本の地に、次にピッツァが姿を現したのは同じ港町・横浜。

一九五〇年に勃発《ぼっぱつ》した朝鮮戦争で横浜はアメリカ兵であふれ、当時本牧《ほんもく》にあった「イタリアンガーデン」も、彼らの姿で盛んににぎわっていた。ここで腕を振るっていたのが、神戸に停泊していたイタリア潜水艦から上陸したジョー・バナディニ。

「イーストを使っていて、まるでパンのように厚く、ごついピッツアでした」

この店で働いていた堀井克英さんが、そう教えてくれた。そもそもピッツアは、パンをつくろうとして失敗して出来上がったのがその始まりだという説がある。バナディニは、まさにそんな風合いのピッツアをつくっていたのだろうか。ともあれ、紛れもなく彼こそ横浜でピッツアを復活させたそのひとであった。

そのうえ彼は日本のピッツアに、ある「置き土産」をする。土産の包みの紐《ひも》は、しばらくあとでほどくとしよう。

さて、朝鮮戦争が終結した五三年。焼け野原同然だった横浜・中華街に四百坪もの広大なステーキハウスがオープンする。アメリカ兵が去って静かになった横浜で、今度は新しもの好きの日本人が、おずおずと店に足を踏み入れ始めていた。イタリア系アメリカ人、ジョー・ディベラが開いたこの店を「オリヂナル・ジョーズ」という。その名前は、サンフランシスコのとある高級料理店からとったといわれる。

「店の外で七十人くらいがいつも列をつくっていました。そりゃあすごい光景でした。昭和三十年前半は、ずーっとそんな具合。みんなのお目当てが、このピッツアでした」

当時から店に勤める椋田勲さんが焼きたてをつまみ上げると、わずか五十グラムの生地を薄くのばしたピッツアの先っちょが、とろんとたれた。

「ゴーダ、エダム、パルメザンの三種類をミックスするチーズも昔のまま。じつは、その頃すでに関東に来ていたアントニオさんや、狸穴《まみあな》に店を出す以前のニコラさん（故人）も、一時期うちで働いていた。これは、ちょうどその頃に出来上がった味なんです」

「シチリアのピッツア」は横浜に上陸後、こうしてアメリカの味にいっとき変貌《へんぼう》を遂げることになったのだった。

場所を、終戦直後の東京に移そう。

ひとりのハイカラな日本人が、手づくりのピッツアの味に出会って感動に震えていた。

「戦後、友人のイタリア人の家に遊びに行ってごちそうになったピッツアやラザニアは、驚くほどおいしくて」

一般の日本人はチーズのかけらも口にしたことのない時代。しかし、貴族院議員の父を持ち、戦前からオートミールを食べるようなとびきりハイカラな暮らしをしていた吉田清重さんは、たちまちピッツアのおいしさの虜《とりこ》になった。これを出せるような、自分の店をつくりたい！

五三年、そう奇《く》しくも横浜に「オリヂナル・ジョーズ」がオープンしたと同じ年。銀座の裏通り「銀座イタリー亭」と名づけた店で、当時四十一歳の吉田さんは辞書を片手にイタリア語の料理の本と首っぴきで、自分の味を完成させる。チーズは味の濃いゴーダ。生地は強力粉と薄力粉に生イーストを混ぜ、手でこねて発酵させる。そして香ばしさを出すために、生地の下には白ごまを散らした。

「五〜六年間、経営は大変でした。でも、食い道楽の方々が『ここのピッツアはうまい』って、次々に友だちを連れてきてくださいましてね」

暗い店内に赤いギンガムチェックのテーブルクロス。揺れるキャンドルの灯。壁にはわらづとのキャンティクラシコの空き瓶、誰が始めたか、客が勝手に貼《は》っていく古い定期券。新しいイタリアの空気が漂う気軽な雰囲気は、あっというまに人気を呼んだ。また、吉田さんは、今はなき名フレンチレストラン「シャドネ」オーナーでもあった。時代の先端を走っていた希代のグルメが、銀座にピッツアを誕生させたのだった。*

そしてさらに三軒、日本におけるピッツアを大躍進させる店が続々と誕生する。まず「イタリアンガーデン」から独立した堀井さんが五五年、六本木に開店した「シシリア」。その翌年、イタリア系アメリカ人、ニコラ・ザベッティが狸穴に開いた「ニコラス」。そして、神戸から大阪、神奈川を経てアントニオさんが西麻布《にしあざぶ》に「アントニオ」を開くのが五八年である。

これらの店が揃《そろ》って六本木周辺に集まったのは、ある理由があった。つまり、防衛庁が六本木に建設されることが決定していたからである。

「昔から出していたピッツアがあんなに流行《はや》るなんて、夢にも思いませんでした。防衛庁移転と東京オリンピック景気が相まって一気に興隆した六本木は、大人になる一歩手前の若者たちが集まった街。そのなかにあって、ピッツアはお洒落《しゃれ》のシンボルのような存在でした」

堀井さんはそんなふうに懐古する。じつは、「シシリア」の名前の由来はこうだ。店の名前を何にしよう、と迷ったあげく、目をつぶってイタリア地図の上に指を下ろしたら、それがシチリアの上なのだった。

ところで、「シシリア」のピッツアはスクエアなかたちをしている。そういえば、横浜「リキシャルーム」もおなじスタイルだ。いったいどうしてなのだろう——。

「じつは『イタリアの潜水艦のピッツァ』なんです。『イタリアンガーデン』時代のものを自分の店で再現してみたというわけなのです」

「リキシャルーム」も、じつは当時バナディニが腕を振るっていた「イタリアンガーデン」と共同経営の間柄であった。つまり、バナディニが六本木と横浜に残したイタリア潜水艦の「置き土産」こそ、四角いピッツァなのだった。

さて、六〇年代に入ると、ピッツァの人気はさらにブレイクする。六六年、元シャンソン喫茶「ジロー」が、渋谷公園通りに「ピザハウス」を開店。日比谷東宝ツインタワーの店舗では、ピッツァとオレンジジュースの組み合わせが爆発的なヒットを記録した。そして七〇年代。流行の最先端は「六本木『ニコラス』でピッツァ」。紫煙たちこめジャズ・ボーカルが流れるなか、外国人客と肩を並べて深夜に手づかみで頬ばるピッツァは粋《いき》で気取っていて、ちょっとばかり不良の香りもして、くらくらするほどかっこよかった。

「そのかっこよさに憧《あこが》れて、『ニコラス』に就職したのですから」

「ニコラス」営業部・斉藤隆之《たかゆき》さんが笑う。

そして「シェーキーズ」が赤坂に第一号店を出した七三年以降は、ファストフードブームと重なって、ピッツァはすっかり高校生のデートの必須《ひっす》アイテムとなっていた。この私にとっても、七〇年代後半、ボーイフレンドとのデートはしばしば「シェーキーズ」の扉を押したものだった。もはや今では口にすることはなくなったけれど、焼きたてが窯《かま》から出されるのを待ちかねて頬ばったピッツァ（もっとも、その頃は「ピザ」と呼んだ）と泡立つコーラの冷たさは、胸がきゅんとするようななつかしさを伴って喉《のど》の奥に鮮やかに蘇《よみがえ》る。

ピッツァの姿が日本の港町に現れてから六十年以上が過ぎ去った。しかし今でも「アントニオ」では代官山で神戸時代と同じピッツァを出し、また六本木にも横浜にも往時と全く同じピッツァを焼き続ける店がある。日本のピッツァの運命をイタリアから海を隔てて港町・神戸につないだ軍艦「カリテア号」は、時を置かず「生田川丸」と名を変え、日本の輸送船として任務に就いた。しかし、一九四五年、サイゴン沖（ベトナム・現ホーチミン）でアメリカ軍に撃沈され、波間にその姿を消したという。

歴史の波、人生の幕間《まくあい》をくぐりながら、イタリアを父に、アメリカを母に日本のピッツァは時代を駆け抜けてきた。健気《けなげ》にも生きながらえてきた時代遅れの四角いピッツアが、ときおりむしょうに恋しい。チーズがとろり糸を引く熱々の四角いひと切れを頬ばると、ふいに港町の潮風が耳の横を吹き抜けてゆくようだ。

▼パパ・アントニオ（旧アントニオ）
渋谷区猿楽町29-9 ヒルサイドテラス
D棟
電話 03・3464・6041
＊カンチエミ・アントニオ氏は平成十五年に他界されました。

▼オリヂナル・ジョーズ
横浜市中区相生町《あいおいちょう》 3-60
電話 045・651・2315

▼リキシャルーム
横浜市中区小港3-170
電話 045・623・8752

▼銀座イタリー亭
中央区銀座1-6-8
電話 03・3564・2371
＊吉田清重さんは平成十五年に他界されました。

▼シシリア
港区六本木6-1-26 天城ビルB1
電話 03・3405・4653

「鳥榮《とりえい》」その世界

隣の席の鍋《なべ》が機嫌よくふつふつ煮え立ち、鳥のスープに白い湯気が上り始めている。トントンタカタカ、ストトン、トン。タカタカタカタカ……階下から、つくねにする鶏肉《とりにく》を叩《たた》くいつもの軽やかな音も聞こえ始めた。

あぁ、もう我慢などできるものか。ごくん、と喉《のど》を鳴らし、もはや視線は隣の鍋に釘《くぎ》づけだ。けれども約束の時間より十五分も前なので、連れはしばらくやってくるはずもない。はやる気持ちを無理やり抑え、窓の外の木枯らしにひとり耳を澄ます。いやなに、早めに着きたかったのは私のほうなのだ。「鳥榮」の空気に一瞬でも長く身を浸したかったから。

湯島天満宮近く、ここは上野・池之端《いけのはた》。

地下鉄の階段を上って大通りに出ると、寒風がぴゅうと吹くので思わず首をすくめ、コートの襟を急いでかき合わせる。すぐ角を折れると春日《かすが》通り、左前方を見やれば三代目を守る居酒屋「シンスケ」。近年モダンなビルにすっかり改装されたけれども、しかし、「シンスケ」もまた湯島界隈《かいわい》の宝のような存在だ。

さて、お目当ての鳥スープ鍋「鳥榮」は、「シンスケ」向かいの路《みち》を入ればすぐそこ。冬の闇《やみ》のなか、オレンジ色の電灯の灯が窓から鮮やかにもれる木造の小さな町屋が、そこにある。ぽっかりその一角だけ、胸がしめつけられるほどなつかしい昭和の日本の情景だ。私はあっさり暖簾《のれん》をくぐってしまうのがなんだかもったいなくて、少し手前で歩を止める。この佇《たたず》まいをしみじみ仰げば、幼い頃のわが家がそこに蘇《よみがえ》ったようで、胸のなかにぬくいものがじんわりせり上がってくる。

がらがらがらー。「鳥榮」と白く染め抜いた小さな暖簾をくぐって引き戸を開ける。と、白い上っ張りの男性が板場のなかから顔を向ける。三代目主人、中澤博夫《なかざわひろお》さんである。にこっと笑ってきちんと向き直り、

「いらっしゃいませ！」

二階へ進む階段が、飴色《あめいろ》に輝く。角なんかとっくの昔に丸く擦れ、木肌が足にしっとり心地よい。それは踏みこまれ、拭《ふ》き上げられて年季がつくり出した美しいかたち。「鳥榮」の歴史が、私たちを招き入れている。

「鳥榮」は軍鶏《しゃも》スープ煮ただ一品だけを供する古い店である。戦争であたりが焼け野

原になり昭和二十六年に建て替えたけれど、明治四十二年開業以来ずっとこの場所。昔は鳥すき「割り下炊《だ》き」も出したものだけれど、いつのまにかスープ煮ひとつっきりになって、ずっと同じ味。仲居さんがひとりいた時代もあったけれど、店を守ってきたのはずっと家族だけ。看板もない。いまだにクーラーも暖房もない。

時代に逆行するようなそんな店だが、ところがどっこい、店は連日連夜満員御礼である。親子四代で通い続ける客もいる。奇数月に二ヶ月先まで予約を受けつけているが、それもあっというまに埋まってしまう。宣伝なんか一度もしたことがない。マスコミの取材には基本的に応じたことがない。いや、しゃべることなんかありません、なにしろ先代から言われたことをそのまんまやってるだけなんですから、と中澤さん。と、そんなわけだから、ここに書く「鳥榮」の話は、夏に冬に店に通い、鍋をつつきながら女将《おかみ》さんやご主人から聞き覚えた折々の断片を織りなし綴《つづ》ったものである。

それにしても。「鳥榮」がこれほどまでにひとを魅了し続けるその理由とはいったい――。

二階には続きの畳の間がわずか三つ。年月を重ねた檜《ひのき》の柱。床の間も花も掛軸もありはせず、いっそ小気味よい。すりガラスにピカピカ映るのは、向かいのホテルの水色のネオン。ふすま一枚へだてた隣席から伝わってくるさんざめき。長火鉢の上では、磨きこまれて黒光りする鉄鍋が静かに出番を待たされている。

これです。この間合いこそ「鳥榮」の世界。派手さも、けれん味もどこにもない。この「ふつうさ」こそ、じつのところ「鳥榮」の真骨頂にほかならないのだけれども。

連れが揃《そろ》うと、白いエプロン姿の女将、百合子《ゆりこ》さんが畳に座って両手をつき、深々と頭を下げて「いらっしゃいませ」。階下にとって返し、熾《おこ》した炭を台十《だいじゅう》にのせて運ぶ。台十、つまり手つきの鉄の楕円《だえん》の容《い》れものに「トリエ」の三文字。あら、どうして「トリエ」なんですか。

「昔つくってくださった方が『イ』、忘れちゃったらしくて」

ハハハ、と笑っているうちに馴《な》れた手つきで次々に備長炭《びんちょうたん》が重ねられ、軍鶏のスープが鉄鍋に注がれる。みりんをほんの少うし。かんかんに熾した炭は目を射るばかりの赤銅色《しゃくどういろ》。

「鳥榮」きっぱりたった一品、いよいよ幕開きである。

ひとくちずつに切りこんだ東京軍鶏。焼豆腐とねぎ。まずはこれらを軍鶏でとった清いほど透明なスープに少し入れ、煮えばなを染めおろしでハフハフ頬ばる。

「ささみは白くなったら、すぐ召し上がれます。赤身はもう少しお待ちください。もつは煮えにくいので、先にお肉をどうぞ」

無駄口なんか叩いちゃいられない。ささみ、もも肉。もつは脾臓《ひぞう》や腎臓《じんぞう》、心臓……

それぞれの微妙な煮え加減を見極めるや、間髪入れず箸《はし》でつまみ上げる。かつてこの店を贔屓《ひいき》にしたという作家・池波正太郎は『剣客商売』に軍鶏鍋の情景を描いてみせた。


つぎは軍鶏である。

これは、おはるが自慢の出汁《だし》を鍋に張り、ふつふつと煮えたぎったところへ、軍鶏と葱《ねぎ》を入れては食べ、食べては入れる。

醤油《しょうゆ》も味噌《みそ》も使わぬのだが、

「ああ……」

三冬が、何ともいえぬ声を発して、

「私、このように、めずらしきものを、はじめて口にいたしました」

「うまいかな？」

と、小兵衛《こへえ》。

「何とも、たまらずにおいしゅうございます」

（新潮文庫『剣客商売』「春の嵐《あらし》」より）

じわじわ舌の上に染《し》み出て広がる肉の、もつの奥深い滋味。染めおろしの爽快《そうかい》さ。うまみをたっぷり吸ったねぎと焼豆腐。たったそれだけだが、いや、これ以上いったいなにが必要だというのだろう。備長炭の熱で顔が火照《ほて》る。口から出るのは、うまいっ、ただひと言だけである。夢中で頬ばっていると、おや、階下からこころ弾ませるあの絶妙のリズム！

鶏肉を食べ尽くすと、お次はつくねの番だ。つくり置きなんか金輪際、しない。客に出すタイミングに合わせてトントンタカタカ、ストトン、タカタカタカ……根気よく叩きに叩いて、とろりとなったらねぎと卵をさっと混ぜ二階へ運ぶ。

はて、いったいどんなふうに叩いたらあの音が出るのだろう。音だけ聞いているのが我慢できなくなって、私はある夜、板場をのぞきにひとり階段を下りた。と、板場に据えた巨大なまな板の前にどっかと陣取り、右手と左手に握った刃のない二本の包丁で打楽器さながら、一心に肉を叩く板さんの姿。骨についた肉や切り身の端をいったん挽《ひ》いて、それを叩いているんです、と中澤さんが教えてくれた。

「最初の音は重いんですが、粘りがしっかり出て卵を混ぜる頃には、音がね、軽くなるんです」

いつ聞いてもおなかが空《す》くいい音、と水を向けたら女将の百合子さんが、つくねを丁寧にぽとん、ぽとんと鍋に落としながら言う。この家に生まれ育った百合子さんにとって、それは子どもの頃から耳に馴染《なじ》んだ「わが家の音」。

輝くばかりにとろりなめらかなつくねは、スープで煮て口に運ぶや、ふわあっとほどける。肉の甘さ。ねぎの香り。さっきとはまったく別の美味が舌の上に広がる、鮮やかなひと太刀のような場面展開！　けれど、それがあまりにもさりげなく当たり前に登場するものだから、誰もが気づかぬうち「鳥榮」の世界に引き込まれる。客に、楽しさおいしさ以外とりたてて意識させたりしない。店もつくり手もお給仕も、なにひとつでしゃばらない。客はアチチ、ハフハフ、にぎやかに陽気にひたすら箸を動かすだけのことである。そこが、すごい。結局はこういうことを、粋《いき》というのではないか。

そうそう、大きなお楽しみを忘れてはいけない。だしの出たスープを碗《わん》に注ぎ、塩をほんの少し加えて熱々を啜《すす》るのだ。ほうっとため息がまろび出る。あくなんか一度もすくっていないのに、一点の濁りもないこのすっきり淡麗な味わいはどうだろう！

それは、祖父から父へ、父から娘の百合子さんと夫・博夫さんへ受け継がれてきた

「鳥栄」の矜持《きょうじ》にほかならない。鍋のなかのスープを、染めおろしをのっけたごはんにかけてさらさらとかきこむのだ。

「お塩はお好みですけど、ふたさじほどおかけください」

母譲りの味、百合子さんお手製の漬け物を合いの手に清らかな一杯。おなかいっぱいなのに思わずもう一杯。鍋にも茶碗にも一滴たりとも残らず、こうして幕は閉じられる。

緞帳《どんちょう》の下り方まで、この美しさ。

十年前に亡《な》くなった父は大変な頑固者でした。百合子さんが苦笑したことがある。

「鍋は煮えるとすぐ食べるもんだ、どんなおいしい肉でも台無しだ、ってお客様に口出ししたりして。お酒も、鍋の味がわからなくなるから三合以上だめって」

あれこれ細かに指図する父を支えて二人三脚、嫁いで以来何十年も女将を務め続けた母も、前年他界した。三代目に代替わりしても建て替えはおろか、素材も味もなにひとつ変える気はない。だから信じようと信じまいと、冷蔵庫だっていまだに氷柱を入れて冷やす昔ながらの木製の冷蔵庫だ。豆腐も、鉄灸《てっきゅう》を刺してわざわざ自分のところで焼いて焼豆腐にすると聞く。徹底的に素材にこだわり抜いた先代から引き継いで、仕入先もそのまんま。

昔から引き継いできた味を守っていくには、お客様は日に二十人がせいいっぱい。それ以上はとてもとても……。なにしろ喜んでいただきたい。満足して召し上がっていただきたい。だから、店は家族だけで、と固く決めた。三代目は店を隅から隅まで水拭きして拭き上げ、一日の仕事を終える。

月の美しい冬の夜、足先までぽかぽかにしてふと振り向くと湯島の裏通り、「鳥榮」はいつもと変わらぬ姿でそこに静かに佇んでいる。

▼鳥榮
台東区池之端1-2-1
電話 03・3831・5009

まだまだなあ、平松さん。

——巻末対談

東海林さだおvs平松洋子

その飲み方、イエローカード！

東海林 西荻にこんな店があるなんてちっとも知らなかった。オヤジ向きではないですね。ずいぶんおしゃれな……あの、カウンターの端の妙齢《みょうれい》のご婦人は、どういうスジの人？

平松 あ、着物姿の。私もさっきから気になっているんですけど。

東海林 粋筋《いきすじ》でもないし、さりとて素人《しろうと》とも思えず。連れの男性はマオカラーのシャツにジャケット。わかった、建築家だ（笑）。

平松 ってことは、相手の女性は……。

東海林 施主《せしゅ》か。

平松 どきどきしてきますねー。あ、ビールが来ました。では乾杯！

東海林 ——んあっ。

平松 おいしい。本日最初のビールですか。

東海林 満を持して。うまいです。

平松 春先の今ごろは空気が乾燥してるので、とりわけおいしく感じますよね。

東海林 空気の乾燥とか春先とか、そういう区別なく、一年中おいしい。とにかく口開けはビールで、できれば生が望ましい。せっかくの生なのに、おいしい店とおいしくない店ありますね。ここおいしい。

平松 東海林さんにとっては食事とお酒はセットなんですね。

東海林 かならず。最近は年のせいか朝六時半とか七時に目が覚めちゃうでしょ。昼は簡単にさっと済ませて、午後四時くらいからもうビールのことで頭が一杯。夜は仕事をしないことにしています。六時には仕事を片付けて、最初の一杯はビールね。ほかにこれといって楽しみもないワビシイ生活です（笑）。

平松 仕事場の冷蔵庫に缶ビールが詰まっているわけですか。

東海林 いまはね、缶じゃなくてキリンから小瓶で「まろやか酵母《こうぼ》」とか四種類、酵母が生きているビールが発売されてるから、口開けはほとんどそれかな。平松さんは？

平松 えっと、私はいちおうヱビス。

東海林 あ、それ古くさい。いまは無ろ過ビールが新しいの。小瓶なのに二百八十円くらいするけど。セブンイレブンにあるから、平松さんもそのくらい知ってないと。

平松　あいたたた（笑）。最初はビールで、あとお酒ですか。

東海林　そうね、焼酎《しょうちゅう》にいったりビールに戻ったり、最後はウイスキーでとどめをさす。

平松　ほろ酔いというか、酔いのなかでトロトロ眠りにつくのって気持ちいいですよね。

東海林　というか、それ以外ありえないから。平松さんは飲まずに寝ることってありますか？

平松　ありますあります。私は夜仕事をするときは絶対お酒はナシ。でも、それがようやく終わるな、というときにカップ酒を開けるの、好きですね。

東海林　え？　なんかちょっとそれマズシイなあ。もっといい酒飲みなさいよ（笑）。

平松　ちがうの、いいお酒も好きだし家にも置いてあるんだけど、カップ酒ってふちが厚いでしょう。あの口当たりに安心感があって、妙に落ち着く。日本が誇るべきグッドデザインだと思うんだけどな、カップ酒。

東海林　カップ酒って立ち呑《の》みおやじの酒なんだけどな。

平松　さすがに座って飲む（笑）。お酒は、いろんなコースありますけどね、酒肴《しゅこう》を調えたり今日はどのぐい呑みにしましょう、なんてことは一切ナシで、ユルユルで行きたいときがある。

東海林　それはいいけど、女の人がカップ酒ってのがなあ。

平松　なんかさっきから責められてばっかり。

東海林　だって、平松さんは本を読むと、もういろいろ手を尽くしておいしいものをつくったりしてるじゃない。そういう人がカップ酒に走るってのは、どういう加減なのかなあ。

平松　仕事のあとだからですかね、一気に和みたい。頭がピーンと張り詰めた感じがいやで、すぐにジェットコースターに乗りたい。

東海林　なら、一気に最初からいい酒に行けばいいのに。なんかあるね、それは。家庭環境とか、生い立ちとか前世に。

平松　前世まで遡《さかのぼ》る！　水差さないでください。せっかく気持ちよく楽しく飲んでるのに。

東海林　平松さんの転換期なんですよ。ここで卒業して、のちに「ワンカップ時代というものもあったのだ」と振り返る。ワンカップといえば、コンビニのおでんは買ったことありますか。

平松　う。コンビニのおでんのあの匂《にお》いが……。

東海林　ありますか、って聞いてるんです。

平松　責めますね。ないですよ（笑）。でもコンビニのおでんについては、ちょっと自説を披露していいですか。あのおでんは、売れなくていいんです。

東海林　コンビニ側としては。

平松　ええ。売れなくてもよくて、おでんの湯気が必要なんです。

東海林 ほう。そのココロは。

平松 コンビニは、ある意味、擬似家庭だと。うちに帰る前に、ふうっと湯気を感じてそこでひと息つく。背負った肩の荷をいったん下ろす。肉まんがあるのも湯気のためなんです。

東海林 なるほど。

平松 ガラスのケースが水蒸気でくもって、そこに水滴がツツーっ。ましてやおでんの湯気と来た日には。だから、おでんが出張ってる時期には絶対コンビニ強盗は少ないはずだ、と先日も知人と話したんですけど。

東海林 強盗は夏にかぎる。

平松 カウンターでスゴもうとして、そこにおでんの湯気がふわりと来るからヘロッと萎《な》える。

東海林 故郷のおふくろをふと思い出したりして、今晩はやめとこう、と。

平松 ね。だからおでんは売れなくてもいいんです。

東海林 卓見ですね、それは。すさんだ若者や疲れたサラリーマンに家庭を思い出させる装置なんだ。

平松 とは思うんですが、冬はコンビニに入るとき息を詰めちゃう。あの匂いがキビシくて。

東海林 じゃあ次の課題はコンビニのおでんだ。一度でいいからおさえとかないと。コンビニ弁当とかは、どうです。

平松 ああー。今日は負けっ放し。

東海林 ほら、買ったことないんだ。おにぎりもないでしょ。

平松 おにぎりくらい買ったことあります。バカにしないでください。

東海林 バカにしてるんじゃなくて、勇気を試してるんです（笑）。

平松 あの海苔《のり》のセロファンをはがす作業がめんどう。それに、お店によっても方式がちがう。

東海林 あー、また勉強不足。あのセロファンのむき方、以前は店によっていろいろだったけど、今は全国統一してるんですよ。知らないの。

平松 ぐやじー（笑）。失敗して海苔がべりって破れたのを引っ張り出してごはんにくっつけたりして。

東海林 握りなおす人もいますね。

平松 あ、それ、いいかもしれない。ごはんと海苔が完全分離した状態が苦手なんです。

東海林 ごはんと海苔が密着してるタイプもありますよ。知らないの。

平松 ぐやじー（笑）。

東海林 ぼくが「富士そば」の全品制覇したりコンビニのものを試したりするのって、

半分以上は商売意識。その一食が少々まずくたっていいの。よくいるじゃない、あと何年生きるとして、食事は三千何百回だから、一度たりとも不味《まず》いものを食べたくないとかいうヒト。

平松　ゼンゼン平気です。死ぬ前の最後の晩餐《ばんさん》に、何を食べたいって決めている人もいますよね。だけど、私はそう聞かれても、その時その時で体調も気分もちがうから、無理。

東海林　じゃあ、あらためてうかがいましょうか。最後の晩餐、どうしますか。

平松　とりあえずコンビニ弁当はいやかも。

東海林　だからね、用意しとくの。そう言われたら、私の最後の晩餐はコレって。

平松　じゃあ東海林さんは最後の晩餐はなんですか。

東海林　ごはんと、塩ジャケとおつけもの。しょっぱくてごはんが進むおかず。別に特別おいしい必要はないのよ。ごくふつうのごはん、しょっぱめのシャケ、納豆なんかもOK。

平松　ごはんが基本なんですね。わたしも塩おにぎりとかにしておこう。

西荻ランチ事情

平松　お昼ごはんは、どうしてます。

東海林　あまり食べない。食べても、立ち食いそばとか軽いやつ。「富士そば」、ラーメン「はつね」、牛丼《ぎゅうどん》の「松屋」「吉野家」、天丼の「てんや」。ぼくにとってビールがつかない食事はどうでもいいの。空腹さえしのげれば。
平松　先週「富士そば」へ行きました。東海林さんにお目にかかるうえは、ちゃんと行っておかないと、と思って。
東海林　西荻の駅前？　なに食べたの。
平松　オーソドックスに天ぷらそば。初回だから自分の趣味嗜好《しこう》は抑えて。
東海林　どういう発想なの、それ。
平松　えと、好みは抑えて相手にゆだねましょう、と。私なりに考えたんですよ。ただ、その話を編集者の女性にしたら「それ、選択間違ってますよ、ヒラマツさん。最初はわかめそばです」。
東海林　女の人はわかめだねえ。男にとっては、まったくなんの魅力もないですね。ヘルシーとか品がいいとかってことは。女の人はイカ天とかちくわ天は下品だわと、そういう発想なんでしょ。
平松　ちくわ天、好き。で、天ぷらそば食べながらお品書きをチェックしたら、肉そば四百三十円、特盛・肉せいろ五百二十円とある。この九十円の差は？　と気になって気になって。そしてね、隣に座ったお兄さんがカレーを食べ終わるなり、勢いよく三回くしゃみした。するとお店の人が「花粉症ですか、ティッシュ差し上げましょうか」。その親切心に感動した。

東海林　全国展開のチェーン店らしからぬのんびりした気風が「富士そば」にはありますね。ま、ずいぶんいろんな体験をしたのね、一度で。ぼくは全種目制覇して、春菊天が一番の気に入り。そういえば、今は「富士そば」も全部イスに座るようになってるでしょ。

平松　えーと、そうでしたっけ。

東海林　そんなことも気がつかない、アガっちゃって（笑）。前は完全に立ち食いだったんです。去年の秋に変えたんじゃないかな。あのね、イスにして女性客がすごく増えたの。

平松　でもね、わたしはかねがね、立ってさくっと食べられるようになったらどんなに爽快《そうかい》だろうと思ってるんですけど。

東海林　へええ、そんなことにロマン感じるんだ。でもごはんものは難しいよ。あそこはカツ丼もあるけど、ごはんって噛《か》んでる時間が長い。立ち食いだと間が持たないんだよね。

平松　虚空《こくう》を見つめて、ひたすら咀嚼《そしやく》に励む。

東海林　立ち食いのはしたなさが露呈する。男でも「マズイな……」って感じが。しかもね、麺《めん》とどんぶり物のセットなんか頼んじゃった日にはタイヘンよ。

平松 定食ならわたしは「丸藤食堂」が好きです。看板に「御定食」って書いてありま す。

東海林 白いノレンが出ていてね。店内の張り紙に、「小さな子供は駄目」とかいろいろ書いてるけど、やな感じじゃあないのね。

平松 メニューは昔ながらの透明な下敷きみたいなのに入ってる。で、このあいだ、隣に五十代の男性が座って、それをじーっと見てるの。何を頼むのか、密《ひそ》かに固唾《かたず》をのんでいたら、おもむろに「ビール小瓶」。ひと呼吸置いて「茄子味噌炒《なすみそいた》め」。そして、ずーっとメニューに目を落としたまま。つまりね、その人にとってはメニューが肴《さかな》だった。

東海林 あ、わかるなあ。ぼくもよくやりますよ。もし秋刀魚《さんま》じゃなくてアジの開きを頼んでいたとしたら、次はこれがこうきて、こういう展開もありえたのだ……と、反省と、希望と絶望がないまぜになって、シミュレーションしながら飲み食いするんだよね。

平松 しだいにこう、ぐーっとメニューを引き寄せて、完全にその世界に没頭。

東海林 ようくわかる。自分ひとりの至福の世界。

平松 その風景に、ビールと茄子味噌炒めがすごく似合ってた。「ごはんは頼まないでねー」って。「その二つがシブくてステキだからー」って。

東海林 そう？ ぼくとしては是非ごはん頼んでほしかったな。だって定食屋の客じゃないじゃん。昼下がりにビールと茄子だけじゃあ。

平松 いえいえ。あそこはごはんとおしんことお味噌汁で二百円なので、それはなくてもまっとうな客なわけです。

東海林 じゃあ、まあいっか（笑）、ごはんはなくても。

ファミレスより居酒屋だ

平松 東海林さん、子どものとき苦手だったけど、大人になってから好きになったものって何かあります？

東海林 あ、大根の煮たの。子どものころ、中学生くらいまで匂いが嫌いでね、また戦後だからそればっかり食卓に上ってたまらなかったけど、それ以降は大丈夫になった。いまは大好き。

平松 男の人は、かぼちゃとかサツマイモとかだめってひと、いますね。

東海林 戦中戦後と食傷したけど、いまはもうその記憶も薄れて平気です。いつまでも言ってるオヤジ、いますよね。いつの話かっての。平松さんは子どものとき苦手だったものってなに？

平松　わたしはね、わかさぎが嫌いだったんです。

東海林　ずいぶん贅沢《ぜいたく》な話するのね。

平松　なぜか、おかずにわかさぎの煮たのとかフライがよく登場したの。とにかくまんまるの眼がいやで。あんな小さいのに、眼も背びれも尾びれもはっきりしてて、みっしり感があって。追い詰められて、自分の皿のわかさぎをワンピースのポッケにこっそり詰め込んで……。

東海林　給食で残せないからこっそりかばんに隠したって話は聞くけど、自宅でポケットに詰めた話は初めてだなあ。鮎《あゆ》はどうですか。

平松　鮎は大好き。もうすごく好き。

東海林　おかしいじゃない。鮎も見つめてるよ。じゃあ白魚は?

平松　鮎も白魚も大好きだけど、わかさぎはどーしてもだめっ。あ、そういえば、いまの学校給食はすごいんですよ。「パエリア」とか「チキンカレーとナン」とか。「給食を通じて世界の文化を学ぶ」という目的らしいんですけど、ファミレスみたいに無国籍。かと思えば、友人の子どもの給食のある日のメニューが「鮭《さけ》のちゃんちゃん焼き」。

東海林　それ、ファミレスじゃなくて居酒屋。「ナマ小!」って叫んじゃったりして。

平松　小学生だから、ビールじゃなくて「牛乳のナマ小!」。

東海林　(笑)。そのうちホッケ、焼き鳥、冷奴《ひややっこ》、もろキュウ、手羽先餃子《ぎょうざ》……。

平松　手羽先餃子？

東海林　あ、手羽先餃子を知らないってことはチェーンの居酒屋も知らないな。「和民」とか「つぼ八」とか。一品三百円、ひとり千八百円以下。飲んでて申し訳なくなる。大丈夫かこれで、という気持ちで飲むんです。

平松　そうだ、東海林さん、「さくら水産」行ったことありますか。

東海林　お、反撃か。ありますよ、信じられないくらい安い海産の定食&居酒屋チェーン。

平松　テーブルの上のザルに卵が盛ってあって、まずこの卵をどうかんがえればいいのかわかんない。まごまごしてたら、店員さんにあからさまにイライラされて。

東海林　「さくら水産」って女のヒトがターゲットじゃないんだよね。

平松　おといおいでって感じでした。東海林さんにとって、これオシャレだな、という感じのものはなんですか。ちょっとハードルが高い食べものとかシチュエーションとか。

東海林　フレンチはまさにオシャレ。でも、あまり行きたくない。疲れる。行きたいのは居酒屋です。しかも名代の居酒屋なんかが大好き。門前仲町の「魚三」。森下の「山《やま》利《り》喜《き》」。そんなに構えなくて、ひとりで行けるというのが大事ね。ひとりで行くのはけっこう難しいんですよ、それがするっとできる居酒屋はいいな。

平松　わたしもひとりでよく居酒屋に行くんですけど、北千住「大はし」、大塚「江戸一」、湯島「シンスケ」……いいですよね。いつだったか大塚に女友達と飲みに行ったら、彼女の髪が長くてふわふわカールしてた。そうしたら注文した品を持ってきた女将《おかみ》さん、「その髪目障《めざわ》りだからくくったら」と言い放った。

東海林　うわ、その人どうしました。

平松　わたしも内心ヒヤヒヤしてたら、彼女がさらっと「あ、ハイ」と受け流して終わった。ちっともいやな感じはしなかったなあ。でも、老舗《しにせ》の居酒屋ほどお客は男性が多くて、女性客は景色としてもちょっとじゃまな感じなんですよね。

東海林　女が来た、と思っただけで女将さんなんかイライラしちゃう（笑）。その気持ちわかるナー。でも、次に髪くくっていけば、よし、となるんだよ、きっと。

さて、締めくくりに瓶ビールを一杯ずついきませんか。

平松　そういうコースもありなんですか。生ビール、焼酎のお湯割り、そしてこんどは瓶ビールに戻る。

東海林　そのときそのときの流れですね、流れ。

平松　あ〜、その流れの結果、今日はわたしの前にハードルが山積みですよ。とりあえず明日のお昼は「富士そば」の春菊天だ。

（二〇〇七年春、西荻窪「さかなや　晴レ」にて）

本書は二〇〇三年一月二〇日『おいしいごはんのためならば』として世界文化社から刊行された。文庫化に際して改稿し、改題した。

おいしい日常《にちじょう》

新潮文庫　ひ-24-1

平成十九年五月一日発行
令和三年三月三十日十刷

著者　平《ひら》松《まつ》洋《よう》子《こ》
発行者　佐藤隆信
発行所　株式会社新潮社

郵便番号　一六二―八七一一
東京都新宿区矢来町七一
電話　編集部(〇三)三二六六―五四四〇
読者係(〇三)三二六六―五一一一
http://www.shinchosha.co.jp

価格はカバーに表示してあります。

乱丁・落丁本は、ご面倒ですが小社読者係宛ご送付ください。送料小社負担にてお取替えいたします。

印刷・株式会社光邦　製本・加藤製本株式会社

ISBN978-4-10-131651-2 C0195